■ 小学 幼儿园教育教学研究丛书

小学教学设计与实施

广东省小学名师培养对象优秀教学设计集

曾用强 主编

·广州·

图书在版编目（CIP）数据

小学教学设计与实施：广东省小学名师培养对象优秀教学设计集 / 曾用强主编. —广州：华南理工大学出版社，2019.6
ISBN 978-7-5623-5945-6

Ⅰ.①小… Ⅱ.①曾… Ⅲ.① 小学－教学设计 Ⅳ.①G622.0

中国版本图书馆 CIP 数据核字（2019）第043177号

Xiaoxue Jiaoxue Sheji Yu Shishi——Guangdong Sheng Xiaoxue Mingshi Peiyang Duixiang Youxiu Jiaoxue Shejiji
小学教学设计与实施——广东省小学名师培养对象优秀教学设计集
曾用强　主编

出 版 人：	卢家明
出版发行：	华南理工大学出版社
	（广州五山华南理工大学17号楼，邮编510640）
	http://www.scutpress.com.cn　E-mail: scutc13@scut.edu.cn
	营销部电话：020-87113487　87111048（传真）
策划编辑：	黄冰莹
责任编辑：	王昱靖
印 刷 者：	广州市新怡印务有限公司
开　　本：	787 mm×1092 mm　1/16　印张：13.75　字数：352千
版　　次：	2019年6月第1版　2019年6月第1次印刷
定　　价：	47.50元

版权所有　盗版必究　印装差错　负责调换

编 委 会

主　编：曾用强

副主编：方坚伟　梁祖菲　马永建

编　委（以姓氏笔画为序）：

　　　张　燕　陈子杏　钟　蔚

前　言

在学校教育中，教师可以说是教育实施过程中的核心与灵魂。日本教育学家永井道雄说："办好教育的关键，第一在教师，第二还在教师。"为什么教师具有如此重要的地位？原因就在于教师能够对学生的生活、成长乃至思想观念施加影响，进而影响社会的发展。正如习近平总书记于2014年教师节前夕同北京师范大学师生代表座谈时的讲话中指出："……教师的工作是塑造灵魂、塑造生命、塑造人的工作。一个人遇到好老师是人生的幸运，一个学校拥有好老师是学校的光荣，一个民族源源不断涌现出一批又一批好老师则是民族的希望。"

那么，如何成为一位优秀的教师呢？其秘诀就在于不断地学习与积累经验。德国教育家第斯多惠曾提醒我们："一个人不教育好自己，就不可能去教育别人；学生所受的教育和教养程度，取决于教师所受的教育和教养程度。学校是儿童受教育的场所，也是教师接受教育的地方；教师要通过一切环境和活动来教育自己。自我教育是教师的终身任务。"简单地说，教师要让学生善于学习，首先自己就要成为学习者。教师，是一个需要不断学习和积累经验的职业。这种经验的积累，一方面是通过实践，在和学生进行教学互动的过程中不断成长；另一方面是从专家的引领、同行的交流以及书籍的阅读中领悟教育的智慧。

由广东省外语艺术职业学院（以下简称"我院"）承办的广东省新一轮"百千万人才培养工程"小学、幼儿园名教师培养项目就汇聚了这样一批优秀的教师，他们虽然来自不同的地区、不同的学科，但是都具有一种共同的品质，就是热爱教师岗位，善于学习，乐于研究。他们深知：教学是一门艺术，要使这门艺术臻于极致，一方面需要依靠教育技能的掌握和运用，另一方面需要不懈地研究和探索。所以，一名普通教师若要成长为"名教师"，其关键就是要学会做一名发展型、思想型和研究型的教师。

而这也是我院在制定广东省小学、幼儿园名教师培养方案时的基本出发点，即强调教育理念、科研与实践的三位一体，使名师培养对象朝发展型、思想型和研究型教师的目标不断前行。我院通过有针对性的开阔视野、专家指导、任务驱动、个人研修等方式，为名师培养对象搭建一个成长、交流与展示的平台，挖掘名师培养对象的潜能，引导他们重视个人教育理念的反思与凝练，重视创新意识与创新思维的培养，促进培养对象教改科研与教学实践能力的提升。

这套丛书是小学、幼儿园名师培养对象学习与成长足迹的重要记录。其中包括名师培养对象赴台湾地区及澳大利亚研修学习后撰写的研修报告的合集，从这些研修报告中我们不难看出名师培养对象看待国内外教育的独特视角。他们从教育理念、教学方法、教学管理等诸多方面对国内外教育进行认真的审视与比较，并结合自身的教育教学实践进行反思，探寻自身的教育成长之路。另外，作为一位优秀的教师，名师培养对象最重要的舞台还是在课堂上，本丛书还包括体现他们教学理念与教学水平的优秀教学设计合集，也从一个侧面反映了他们作为名师培养对象的研修成果。

我院项目组将这些内容结集出版，一方面，是考虑到更大限度地发挥名师培养对象研修成果的示范辐射作用，因为作为有着丰富教学经验以及乐于探索的优秀教师，其思考与实践对于教育界的同行们无疑是有启发意义的。另一方面，这套丛书也是我院承办广东省小学、幼儿园名教师培养项目的重要成果之一，有助于我们对名教师培养工作进行总结和反思，从而继续深化和完善小学、幼儿园名教师培养工作。

曾用强

目 录

语文篇

003 "威尼斯的小艇"教学设计 / 姚燕涣
006 "写一次游览的经历"教学设计 / 吴夏梅
010 "童话群文阅读,破解创编之谜"教学设计 / 陈郭恒
016 "乞巧"教学设计 / 黄嘉碧
022 "自己的花是让别人看的"(第二课时)教学设计 / 赖李真
028 "从现在开始"教学设计 / 马善波
033 "草船借箭"教学设计 / 冯婉霞
037 "伯牙绝弦"教学设计 / 李上青
040 "西风胡杨"第一课时教学设计 / 周彩霞
044 "一个小山村的故事"第二课时教学设计 / 林淑媛
048 "搭石"教学设计 / 卢小娟
053 "虎口藏宝"教学设计 / 高 飞
059 "太阳"教学设计 / 余美珍

数学篇

067 "生活中的负数——温度"教学设计 / 刘占双
075 "游戏规则的公平性"教学设计 / 高红妹
082 "节约用水"教学设计 / 吴燕娜
090 "什么是周长"教学设计 / 曾德统
096 "百分数的认识"教学设计 / 邹小婷
101 "圆的认识"教学设计 / 李 浩
106 "圆的周长"教学设计 / 林焕好
112 数学综合与实践"打电话"教学设计 / 林 琛
119 "分数除以整数"教学设计 / 王金发
122 "平行四边形的面积"教学设计 / 陈晓燕
128 "平行四边形的面积"教学设计 / 李宇韬
134 "长方体的认识"教学设计 / 陈树德

英语篇

141 "Chapter 6 Look at Me Part E"教学设计 / 肖 靓
144 "Recycle 1 Chen Jie's Diary"教学设计 / 吴秉健
150 "故事地图（Story Map）的运用"教学设计 / 岳 旭
153 "Brown bear brown bear, what do you see?"教学设计 / 梁婉清
159 "Unit 5 Whose dog is it?" Part B Let's learn, Let's play & Let's check
　　教学设计 / 陈丽丽
162 "My family"教学设计 / 陆梅红

艺体篇

169 "高山、大海、江河"教学设计 / 赵韶亮
173 "前滚翻学案"教学设计 / 向苏龙
176 "制作气垫船"教学设计 / 李 彤
180 "黄河船夫曲"教学设计 / 叶 梅
186 "小酒窝"教学设计 / 谢国刚
189 第十课"蓝鸟"教学设计 / 李思娜
195 "小孔成像"教学设计 / 蔡敏胜
199 "制作幻灯片讲故事"教学设计 / 黄伟祥
208 "途中跑"教学设计 / 邹美文

"威尼斯的小艇"教学设计

（人教版小学语文五年级下册）

■ 广州市天河区龙口西小学 姚燕涣

一、教材分析

《威尼斯的小艇》是马克·吐温的一篇写景散文，课文通过介绍威尼斯小艇的样子、船夫驾驶小艇的高超技术以及小艇的重要作用，为我们展示了威尼斯这座水上名城特有的风光。课文抓住事物特点并把人的活动同景物、风情结合起来进行描写，是本文表达上的主要特点。

二、学情分析

五年级学生有了一定的观察能力和想象力，但相当一部分学生的理解力、文字表达能力还比较弱，写作时也没能抓住事物的主要特点进行描绘。而《威尼斯的小艇》这篇课文，篇幅虽短，却把小艇勾勒得活灵活现，饶有情趣。文章层次清晰、重点突出，是对学生进行"抓住事物特点写"的训练的好例子。

三、教学目标

（1）以各种形式朗读第5、6自然段，感受作者运用动静结合的方法把人的活动同景物结合起来描写的表达方法；

（2）以篇带篇，对比阅读，领悟写法的不同之处；

（3）运用动静结合、把人的活动同景物结合起来描写的方法写一个小片段。

四、教学重、难点

（一）教学重点

领悟作者抓住事物的特点，利用动静结合的方法把人的活动同景物、风情结合起来描写的表达方法。

（二）教学难点

运用动静结合、把人的活动同景物结合起来描写的方法写一个小片段。

五、教学时间

第二课时。

六、教学准备

教学幻灯片。

七、教学过程

1. 游戏导入

师：出示图片，让学生猜地名。

生：看图猜地名。

设计意图：调动学生的注意力，为上课做热身。

2. 回顾课文，理清课文脉络

师：上一节课，我们初步学习了《威尼斯的小艇》，谁能说说这篇课文主要讲了什么？

生：汇报课文的主要内容（小艇的样子、船夫技术好、小艇与人们的生活关系很密切等）。

设计意图：调动学生回忆课文，并能有条理地表达。

3. 品读课文第5自然段

师：

（1）小艇与人们的生活关系很密切，在哪里能看出来？

（2）出示第5段，师生合作读第5自然段。

（3）除了课文中的活动，还有谁乘坐小艇做什么？

（4）这段文字是动态还是静态描写呢？

（5）老师小结。

生：

（1）找到第5、6自然段。

（2）与老师合作读第5自然段。

（3）根据课文的内容续说还有谁乘坐小艇。

（4）通过判断，知道是动态描写。

设计意图：①在合作读中理解课文内容。

②续说的目的是让学生知道人们的生活离不开小艇。

4. 品读课文第6自然段

师：

（1）出示第6自然段。自由读，用波浪线画出动态的句子，横线画出静态的句子，并写写你的感受。

（2）汇报。

（3）指导对比朗读（动、静）。

（4）老师小结：这一动一静的描写形成对比，更衬托出了小艇在人们生活中的重要作用——艇停城静，艇动城闹，威尼斯的热闹与静寂是与小艇的动与静密切相关的。

（5）如果课文没有第5、6自然段，你认为好吗？

（6）老师小结：作者紧扣小艇，介绍了无论是在白天还是晚上，人们的生活都与小艇息息相关。这样，抓住特点把人们的活动同景物、风情结合起来，景、物、人相互联系，使文章充满了生气。

生：

（1）汇报理解动态、静态的句子。

（2）朗读体会动静描写的区别。
（3）小组讨论第5、6段的作用。
设计意图：①在朗读中体会动态、静态描写的作用。②体会在写景时可以把人的活动写下来，这样能使文章充满生气。

5. 拓展阅读

师：
（1）出示朱自清的《威尼斯》，问：作者是从什么角度去介绍威尼斯的什么特点？
（2）师生交流。
（3）两篇文章的对比。
（4）总结：多角度观察。

生：
（1）默读课文，找出作者看威尼斯的角度和威尼斯的特点。
（2）思考两篇文章的相同之处和不同之处？（抓主要特点、观察角度不同）

设计意图：拓展阅读，加深认识动静结合的方法，并领会不同角度观察景物，有不同的效果。

6. 以读引写
（1）运用动静结合的方法写一处景物。
（2）汇报、点评。
（3）总结。

生：
（1）写一个片段。
（2）交流。

设计意图：学以致用。

7. 板书设计

26 威尼斯的小艇
　　　抓特点
　　　（想象）
景物 + 人的活动　　多角度观察
　　　　　动静结合

八、导师点评

（1）品读线索设计具有教学智慧，逐层推进，有利于学生自主理解。
（2）导学设计内容融入教学过程，使学生学习成果具有呈现性。
（3）设计表述如稍微简洁些，则更便于阅读者抓住主要信息。

"写一次游览的经历"教学设计

(语文出版社版四年级上册第二单元习作)

■ 韶关市翁源县实验小学　吴夏梅

一、学习目标

（1）按照游览的顺序写，做到言之有物、内容具体、条理清楚。
（2）抓住景物的特点进行描写，做到详略得当。
（3）引导学生习作中运用平时积累的优美词句，巧妙使用比喻、拟人、排比等修辞手法，注意表达真情实感。

二、教学重难点

（1）做到"抒感情，有情趣"，写出自己的真情实感。
（2）抓住印象深刻的描写，做到生动具体、巧妙使用修辞手法。

三、教学准备

（1）多媒体课件。
（2）校讯通平台。

四、学情准备

本班学生写作基础一般，中间多，两头少。不少孩子的习作感情漠然，辞不言情，笔是心非，失真失诚，出现了很多"胡编式作文"、东摘西抄的"拼凑式作文"、全文照搬的"移植式作文"。孩子们特别"惧怕"写游记，有部分同学把游记，写成记事的习作，或描写顺序凌乱，语言枯燥。许多学生写出的习作，像一笔流水账：总是从早晨起床，刷牙漱口洗脸开始，到游览结束，晚上睡觉为止，不分主次轻重，点滴不漏。这次作文，就是要治疗学生写参观游览记一类文体时的这种通病。让学生明白要写好一篇"游览活动"的文章，首先要把看到的景物中印象较深的写下来，要进行具体地描写，突出重点。对于重点的景物，要注意详细描写出它们的位置、大小、动态、静态、颜色等。其次要教会学生把过程写详细、具体，做到主次分明，详略得当，情、理、景相结合。特别要倾注自己的思想感情，提高审美情趣，激发学生热爱家乡的情怀。

五、课前互动

（1）利用校讯通平台给每位家长发短信。（尊敬的各位家长：你们好！快乐的周末又到了。这个周末请您抽空带着孩子去感受翁源山水的魅力吧！历史悠久、建筑宏伟的东华山风景区、葸茅岭八卦大围、湖心坝客家围楼；风景独特的铁龙洞、周陂白面仙岩；有自然氧吧之称的青云山、九曲水等都是您不错的选择！请您在游览中多拍几张照片。谢谢！）

（2）布置学生审题。
（3）布置学生收集有关资料，如：搜集描写景物的优美句段，积累描写山水、树木的词语。
（4）根据学生上交的习作、相片，制作好课件。

六、教学过程

1. 看图激趣，让学生表达自己的感受
（1）课件出示翁源旅游景点的图片。

（2）指名说说景点的名称，并用一小段话形容景点给自己留下的印象。提醒学生结合实际恰当运用优美的词句。

2. 掌握给习作拟题的方法
（1）题目是文章的眼睛，那么我们怎样给自己的这篇习作起一个名字呢？
（2）我们可以用线索+地点命题，如《游东华寺》；也可以用地点+时间来命题，如《东华寺一日游》；还可以用时间+地点来命题，如《三月的九曲水》《春节的东华寺》。
（3）学生根据老师的方法给自己的习作拟题目。

3. 掌握按游览的顺序来写作的方法
（1）通过谈话、回忆、练习、佳作引路等方法，让学生掌握如何围绕中心取材，如何做到详略得当。
（2）指导写作顺序。
①谈话：写一篇文章要有一条贯穿全文的线索，在写《游××》这篇作文时，"游"字可以作为贯穿全文的线索。现在请同学们回顾一下，我们读过的《七月的天山》的游览线索是什么？
（游览线：进入天山——再往里走——走进天山深处）这就是作者的游览顺序。
②你准备按怎样的顺序写呢？
A. 先……然后……再……（这就叫作游踪）
《桂林山水》是抓住桂林山、水这两处代表性的景物刻画的，突出山水的美景。你也可以抓住有代表性的景物来描写。
③归纳板书：按游览顺序写。
承上启下的过渡词：

进了、绕过、走完、来到、登上、下来、走过
④讨论：怎样抓住有代表性的景物来写？
（3）用"啄木鸟医生治疗时间"的方式指导如何取材。
①教师举出三种情况。
②指导学生找出优缺点。
4.通过佳作引路、课堂训练，引导学生习作中运用平时积累的优美词句，巧妙使用比喻、拟人、排比等修辞手法
（1）佳作引路：
佳作1：东华寺罗汉林的照片、精彩描写片段。

罗汉大小高矮胖瘦各不相同，神情动作千姿百态。有的咬牙切齿，怒目而视；有的朱唇微启，面带微笑；有的盘膝而坐，双手合十；有的金鸡独立，手舞钢鞭；有的眼睛半闭，手持经卷……

佳作2：铁龙仙洞主洞长达1700米，依一条地下河蜿蜒深入，河水终年不息。洞中有龙潭四处，厅堂十余个，宽敞构造奇特。洞内岩石呈灰白、棕黄、紫红、褐色，有钟乳、笋柱、莲花等造型。听潺潺流水观奇石怪光，穿行其间如入龙宫仙境。

（2）讨论：想想怎样把景物描写得具体、生动？
①写下自己的所见、所闻、所感。
②抓住景物的颜色、形状、大小、光泽、动静结合写。
③大胆巧妙的想象，恰当运用比喻、拟人、排比等修辞手法来形象描绘。
（3）出示东华寺笑弥勒佛照片进行课堂练习：

笑弥勒佛坐在莲花上,他(面目慈祥、总是笑容可掬),瞧!五个天真可爱的小娃娃在与他玩耍,有的(　　);有的(　　);有的(　　);有的(　　);有的(　　)。

(4)交流。

5.总结、学生写习作

(1)总结、板书。

(2)文章可以怎样结尾?(自然结尾,抒情结尾,议论结尾等)

引导学生回忆、归纳本节课的内容。

(3)学生动笔写。

(4)小组同学修改。

(5)组内推荐在全班展示。

(6)抄正上交。

6.板书

写一次游览的经历

1.按游览先后顺序写(进了、绕过、走完、来到、登上、下来、走过)

2.重点段描写:抓住位置、大小、动态、静态、颜色写

3.巧妙运用比喻、拟人、排比等修辞手法

七、教学思考

长期以来,小学生惧怕写作文,没有写作的激情;写出的作文千篇一律,无话可说、无情可抒等弊病成了不治之症。归根到底是因为写作脱离了生活。学生关在屋子里闭目塞听、闭门造车,作文成了无源之水。艺术源于生活而高于生活,写作也是如此,生活是写作的源泉。

这次习作指导,通过让学生与家长一起游览、收集有关资料、课堂出示学生非常熟悉的景点训练等体验活动,让学生轻松地写出富有真情实感的作文,解决了写作"假""空"的问题。指导后学生写出来的习作有以下的优点:①结构美,学会了移步换景、按地点转换顺序记叙的方法;②开头结尾非常简洁明了,中间能抓住重点景物的特点去写。③有自己独特的感受,描写栩栩如生。同级同科的老师听了这节课后,都说这种教学设计有效解决了小学生"惧怕"写游记这一难题。

八、导师点评

本次教学活动的设计条理清晰,层次分明,由简入难地解决写作难点,给学生以启迪。

"童话群文阅读,破解创编之谜"教学设计

(适用于三年级)

■ 珠海市高栏港区平沙镇连湾小学 陈郭恒

群文材料:
《小蝌蚪找妈妈》《小壁虎借尾巴》《渔夫和金鱼》

一、教学目标

(1)学习浏览、速读、跳读的阅读方法,了解本组童话内容。
(2)借助结构图,梳理情节,感受本组童话情节结构上的特点。
(3)通过比较阅读,感悟童话拟人化表达的特点。
(4)学生小组合作,创编"一波三折"反复结构的童话故事。

二、教学准备

课前印发本组3篇童话故事。

三、教学过程

导入语:同学们,今天我们一起来欣赏3篇童话故事,故事比较多,所以我们不能像平常那样朗读课文,要继续学习默读的方法。

(一)学习默读、速读、跳读的阅读方法,了解本组童话内容

设计意图:新课程标准对学生默读能力的培养目标:一、二年级要求做到不出声,不指读;三、四年级要求初步学会默读,能对课文中不理解的地方提出疑问;五、六年级要求默读有一定速度,默读一般读物每分钟不少于300字。

1.默读《小蝌蚪找妈妈》

(1)幻灯片投影。

默读:《小蝌蚪找妈妈》

要求:不出声,不指读。

时间:4分钟,呈现电子倒计时钟表。

小蝌蚪找妈妈

池塘里有一群小蝌蚪,大大的脑袋,黑灰色的身子,甩着长长的尾巴,快活地游来游去。

小蝌蚪游哇游,过了几天,长出两条后腿。他们看见鲤鱼妈妈在教小鲤鱼捕食,就迎上去,问:"鲤鱼阿姨,我们的妈妈在哪里?"鲤鱼妈妈说:"你们的妈妈有四条腿,宽嘴巴。你们到那边去找吧!"

小蝌蚪游哇游，过了几天，长出两条前腿。他们看见一只乌龟摆动着四条腿在水里游，连忙追上去，叫着："妈妈，妈妈！"乌龟笑着说："我不是你们的妈妈。你们的妈妈头顶上有两只大眼睛，披着绿衣裳。你们到那边去找吧！"

　　小蝌蚪游哇游，过了几天，尾巴变短了。他们游到荷花旁边，看见荷叶上蹲着一只大青蛙，披着碧绿的衣裳，露着雪白的肚皮，鼓着一对大眼睛。

　　小蝌蚪游过去，叫着："妈妈，妈妈！"青蛙妈妈低头一看，笑着说："好孩子，你们已经长成青蛙了，快跳上来吧！"他们后腿一蹬，向前一跳，蹦到了荷叶上。

　　不知什么时候，小青蛙的尾巴已经不见了。他们跟着妈妈，天天去捉害虫。

（2）教师展示"情节结构表"。

提问：小蝌蚪几次找妈妈？分别向谁打听妈妈的下落？

设计意图：因为是群文阅读，目的是从群文中发现语言规律特点，教师不宜对文章剖析过多、过细。

附：情节结构表

童话名称	主人公	第一次	第二次	第三次	结局
小蝌蚪找妈妈	蝌蚪	鲤鱼	乌龟	大青蛙	找到了

2. 速读《小壁虎借尾巴》

（1）幻灯片投影。

速读：《小壁虎借尾巴》

要求：目光在字里行间浏览，加快默读的速度，3分钟看完，呈现电子倒计时钟表。

设计意图：下载网络计时软件，训练学生在有时间限制前提下，提高默读的速度。

小壁虎借尾巴

　　小壁虎在墙角捉蚊子，一条蛇咬住了他的尾巴。小壁虎一挣，挣断尾巴逃走了。

　　没有尾巴多难看哪！小壁虎想，向谁去借一条尾巴呢？

　　小壁虎爬呀爬，爬到小河边。他看见小鱼摇着尾巴，在河里游来游去。小壁虎说："小鱼姐姐，您把尾巴借给我行吗？"小鱼说："不行啊，我要用尾巴拨水呢。"

　　小壁虎爬呀爬，爬到大树上。他看见老牛甩着尾巴，在树下吃草。小壁虎说："牛伯伯，您把尾巴借给我行吗？"老牛说："不行啊，我要用尾巴赶蝇子呢。"

　　小壁虎爬呀爬，爬到房檐下。他看见燕子摆着尾巴，在空中飞来飞去。小壁虎说："燕子阿姨，您把尾巴借给我行吗？"燕子说："不行啊，我要用尾巴掌握方向呢。"

　　小壁虎借不到尾巴，心里很难过。他爬呀爬，爬回家里找妈妈。

　　小壁虎把借尾巴的事告诉了妈妈。妈妈笑着说："傻孩子，你转过身子看看。"小壁虎转身一看，高兴得叫了起来："我长出一条新尾巴啦！"

（2）布置学生独立、安静思考，并运用情节结构表，梳理《小壁虎借尾巴》的故事情节。

设计意图：群文阅读需要学生在精神集中的状态下用心参与，拒绝热闹而不扎实的

"表演秀"。

附：情节结构表

童话名称	主人公	第一次	第二次	第三次	结局
小壁虎借尾巴	小壁虎	小鱼	老牛	燕子	长出来了

3.跳读《渔夫和金鱼》

（1）幻灯片投影。

速读：《渔夫和金鱼》

要求：目光在句段里扫视，暂不深究难懂的词句，4分钟看完，呈现电子倒计时钟表。

设计意图：速读时要求是浏览，这个环节要求是扫视，要求是有所提高的。教师要有意识地训练学生的默读技巧。

渔夫和金鱼的故事

从前有个老头儿和他的老太婆住在蓝色的大海边，他们住在一所破旧的泥棚里，整整有三十又三年。

老头儿撒网打鱼。老太婆纺纱结线。有一次老头儿向大海撒下网，拖上来的是一网水藻。他再撒了一次网，拖上来的是一网海草。他又撒下第三次网，这次网到了一条鱼，不是一条平常的鱼，是条金鱼。金鱼苦苦地哀求！她用人的声音讲着话："老爷爷，您把我放回大海吧，我要给您贵重的报酬：为了赎回我自己，您要什么都可以。"老头儿大吃一惊，心里还有些害怕：他打鱼打了三十又三年，从没有听说鱼会讲话。他放了那条金鱼，还对她讲了几句亲切的话："上帝保佑你，金鱼！我不要你的报酬，到蔚蓝的大海里去吧，在那儿自由自在地漫游。"

老头儿回到老太婆那儿去，告诉她这桩天大的奇事。"今天我捕到一条鱼，不是平常的鱼，是条金鱼；这条金鱼会跟我们人一样讲话。她求我把她放回蔚蓝的大海，愿用最值钱的东西来赎回她自己：为了赎得自由，我要什么她都依。我不敢要她的报酬，就这样把她放回蔚蓝的大海里。"老太婆指着老头儿就骂："你这傻瓜，真是个老糊涂！不敢拿金鱼的报酬！哪怕是要只木盆也好，我们的那只已经破得不成样啦。"

于是老头儿走向蓝色的大海，看到大海微微起着波澜。老头儿就对金鱼叫唤，金鱼向他游过来问道："你要什么呀，老爷爷？"老头儿向她行个礼回答："行行好吧，金鱼，我的老太婆把我大骂一顿，不让我这老头儿安宁。她要一只新的木盆，我们的那只已经破得不能再用。"金鱼回答说："别难受，去吧，上帝保佑你。你们马上会有一只新木盆。"老头儿回到老太婆那儿，老太婆果然有了一只新木盆。

老太婆却骂得更厉害："你这傻瓜，真是个老糊涂！真是个老笨蛋，你只要了只木盆。木盆能值几个钱？滚回去，老笨蛋，再到金鱼那儿去，对她行个礼，向她要座木房子。"于是老头儿又走向蓝色的大海，蔚蓝的大海翻动起来。老头儿就对金鱼叫唤，金鱼向他游过来问道："你要什么呀，老爷爷？"老头儿向她行个礼回答："行行好吧，金鱼！老太婆把我骂得更厉害，她不让我老头儿安宁，唠叨不休的老婆娘要座木房。"金鱼回答说:"别难受,去吧,上帝保佑你。就这样吧:你们就会有一座木房。"老头儿走向自己的泥棚,泥棚已变得无影无踪;他前面是座有敞亮房间的木房,有砖砌的白色烟囱,还有橡木板的大门,老太婆坐在窗口下,指着丈夫破口大骂:"你这傻瓜,十十足足的老糊涂!老混蛋,你只要了座木房!快滚,去向金鱼行个礼说:我不愿再做低贱的老太婆,我要做世袭的贵妇人。"

　　老头儿走向蓝色的大海,蔚蓝的大海骚动起来。老头儿又对金鱼叫唤,金鱼向他游过来问道:"你要什么呀,老爷爷?"老头儿向她行个礼回答:"行行好吧,金鱼!老太婆的脾气发得更大,她不让我老头儿安宁。她已经不愿意做庄稼婆,她要做个世袭的贵妇人。"金鱼回答说:"别难受,去吧,上帝保佑你。"老头儿回到老太婆那儿。他看到什么呀?一座高大的楼房。他的老太婆站在台阶上,穿着名贵的黑貂皮坎肩,头上戴着锦绣的头饰,脖子上围满珍珠,两手戴着嵌宝石的金戒指,脚上穿着双红皮靴子。勤劳的奴仆们在她面前站着,她鞭打他们,揪他们的额发。老头儿对他的老太婆说:"您好,高贵的夫人!想来,这回您的心总该满足了吧。"

　　老太婆对他大声呵斥,派他到马棚里去干活。过了一星期,又过一星期,老太婆胡闹得更厉害,她又打发老头到金鱼那儿去。"给我滚,去对金鱼行个礼,说我不愿再做贵妇人,我要做自由自在的女皇。"老头儿吓了一跳,恳求说:"怎么啦,婆娘,你吃了疯药?你连走路、说话也不像样!你会惹得全国人笑话。"老太婆愈加冒火,她刮了丈夫一记耳光,"乡巴佬,你敢跟我顶嘴,跟我这世袭贵妇人争吵?——快滚到海边去,老实跟你说,你不去,也得押你去。"

　　老头儿走向海边,蔚蓝的大海变得阴沉昏暗。他又对金鱼叫唤,金鱼向他游过来问道。"你要什么呀,老爷爷?"老头儿向她行个礼回答。"行行好吧,金鱼,我的老太婆又在大吵大嚷:她不愿再做贵妇人,她要做自由自在的女皇。"金鱼回答说:"别难受,去吧,上帝保佑你。好吧,老太婆就会做上女皇!"老头儿回到老太婆那里。怎么,他面前竟是皇家的宫殿,他的老太婆当了女皇,正坐在桌边用膳,大臣贵族侍奉着她。给她斟上外国运来的美酒。她吃着花式的糕点,周围站着威风凛凛的卫士,肩上都扛着锋利的斧头。老头儿一看——吓了一跳!连忙对老太婆行礼叩头,说道:"您好,威严的女皇!好啦,这回您的心总该满足了吧。"

　　老太婆瞧都不瞧他一眼,吩咐把他赶跑。大臣贵族一齐奔过来,抓住老头的脖子往外推。到了门口,卫士们赶来,差点用利斧把老头砍倒。人们都嘲笑他:"老糊涂,真是活该!这是给你点儿教训:往后你得安守本分!"

　　过了一星期,又过一星期,老太婆胡闹得更加不像话。她派了朝臣去找她的丈夫,他们找到了老头把他押来。老太婆对老头儿说:"滚回去,去对金鱼行个礼。我不愿再做自由自在的女皇,我要做海上的女霸王,让我生活在海洋上,叫金鱼来伺候我,叫我随便使唤。"

　　老头儿不敢顶嘴,也不敢开口违拗。于是他跑到蔚蓝色的海边,看到海上起了昏暗的风暴,怒涛汹涌澎湃,不住的奔腾,喧嚷,怒吼。老头儿对金鱼叫唤,金鱼向他游过来问道:"你要什么呀,老爷爷?"老头儿向她行个礼回答:"行行好吧,鱼娘娘!我这该死的老太婆怎么办?她已经不愿再做女皇了,她要做海上的女霸王;这样,她好生活在汪洋大海,叫你亲自去伺候她,听她随便使唤。"

金鱼一句话也不说，只是尾巴在水里一划，游到深深的大海里去了。老头儿在海边久久地等待回答，可是没有等到，他只得回去见老太，一看：他面前依旧是那间破泥棚，他的老太婆坐在门槛上，她面前还是那只破木盆。

（2）完成童话情节结构表。

布置学生独立、安静思考，并运用情节结构表，梳理《渔夫和金鱼》的故事情节。

设计意图：这篇童话故事很长，但是情节的版块还是很鲜明，很适合做跳读训练的材料。

附：老太婆让渔夫（　　）次向金鱼提出愿望。

童话名称	主人公	第一次	第二次	第三次	第四次	第五次	结局
渔夫和金鱼	渔夫	新木盆	木房子	贵妇人	女皇	女霸王	破泥棚 破木盆

（二）借助情节结构表，讨论童话故事情节"一波三折"的反复结构特点。

（1）思考：童话故事情节里的"第一次""第二次""第三次"等反复情节，能调换顺序吗？

设计意图：引导学生探究童话故事情节里的并列、递进的反复结构。《小蝌蚪找妈妈》《小壁虎借尾巴》的情节结构属于并列关系，情节顺序可调换，对于故事表达的内容无太多影响。《渔夫和金鱼》的情节结构属于递进关系，不可更换表达次序。

（2）思考：像这一次又一次的故事情节，童话故事中一般出现几次？

设计意图：探究童话故事反复情节的"频率"特点，一两次让读者意犹未尽，六七八次又太多，情节拖沓单调，再无新鲜感，削减了读者的阅读期待，令读者心生厌烦。

（三）运用故事情节结构表，小组合作创编童话故事

（1）提供童话故事开头素材。

幻灯片：小明数学考试得了满分，夜里，文具盒里笔、橡皮、三角板因为邀功而发生争吵。那天以后……

（2）四人小组合作，头脑风暴，填好故事情节结构表，口头创编具有一波三折的反复结构特点的童话故事。

（3）教师根据学生的口头童话故事，引导学生分析情节是否具有反复结构的特点？这反复结构特点是否属于并列关系，次序是否可以调换？如果属于递进关系的反复结构情节，要指导学生创编时注意前因后果的合理性。

（四）拓展阅读，迁移运用反复结构的技巧创编童话

（1）找一找：联系课本出现过的童话故事，联系格林童话、安徒生童话等，还有哪些故事也具有反复结构的特点？

（2）编一编：借助童话故事情节结构表，为父母创编具有反复结构的、"一波三折"的童话故事。

（3）写一写：给父母讲完原创的童话后，将这个具有反复结构的童话故事写下来，写的时候注意使用拟人化手法，让童话里的"人物"都能说会道哦。

四、板书

破解创编童话故事之谜

童话故事的秘诀：一次又一次　一波三折　反复结构
故事情节结构表：情节相似　次序可调换　次序有先后

五、导师点评

本次群文阅读教学设计中，三篇童话由短到长，阅读方式由默读到速读到跳读。电子倒计时的设计帮助学生控制了阅读速度，掌握了新的阅读方法；三个故事相似的情节设计帮助学生认识了常见的故事创作手法，为学生提供了新的写作技巧，是一堂成功的阅读课。

"乞巧"教学设计

（人教版三年级下册）

■ 汕头市珠厦学校　黄嘉碧

一、设计理念

　　古诗是汉语言文字的精华，浓缩着丰富的情感，凝聚着中华民族的智慧。引领学生走近古诗，不但能帮助他们理解和传承优秀文化，提高阅读和写作能力，还能夯实他们的文化底蕴，帮助他们养成高雅的气质。《乞巧》是唐代诗人林杰描写民间七夕乞巧盛况的古诗，浅显易懂，也是一首涉及家喻户晓的民间故事、流传很广的古诗。

　　在读通读顺古诗，读出韵律的基础上，我在教学中通过创设情景，把学生带入情境中去体会古诗情感，让学生在学习古诗中体会古诗韵律之美，传统节日之美，民间故事之美，中国文字之美。

二、学案设计

（建议完成时间：25分钟）

（一）读一读，体会古诗韵律之美

1. 学习正确、流利地朗读古诗
2. 尝试给这首七言古诗断句（用"／"标注）

乞巧
（唐）林杰

七夕今宵看碧霄，牵牛织女渡河桥。
家家乞巧望秋月，穿尽红丝几万条。

（二）辨一辨，体会中国文字之美

乞（　　）　宵（　　）　度（　　）
气（　　）　霄（　　）　渡（　　）

（三）听一听，体会民间故事之美

请家人把民间故事《牛郎织女》讲给你听一听。

（四）查一查，体会传统节日之美

（1）在课后资料袋中了解一下，七夕节有哪些习俗？
（2）在潮汕地区，七夕节有些什么独特的习俗？

（五）找一找，读一读其他描写中华传统节日的古诗

1. 与七夕节同类题材的古诗

秋夕
（唐）杜牧

银烛秋光冷画屏，轻罗小扇扑流萤。

天阶夜色凉如水，坐看牵牛织女星。

2. 传统节日题材的古诗

元日
（北宋）王安石

爆竹声中一岁除，春风送暖入屠苏。
千门万户曈曈日，总把新桃换旧符。

三、教学实施设计

（一）学习目标

（1）学习"乞、巧、霄、渡"4个生字。

（2）正确、流利、有情感地朗读古诗。

（3）了解诗中蕴含着的民间传说和与节日有关的传统习俗，感受古人丰富的想象，以及中华传统文化的多元和魅力。

（二）教学准备

（1）拼音田字格磁性黑板贴纸。

（2）教学课件。

（三）教学重点、难点

本节课的教学重点是把生字写正确、写端正，理解古诗内容，想象古诗所描绘的画面。教学难点是体会诗中的情感。

（四）学习过程

课前聊天：①同学们，大家知道中国有哪些传统节日吗？（元宵、端午、七夕、中秋、重阳）②在每个传统节日，我们都会有很多独特的传统活动，同学们能说说吗？（端午节包粽子划龙舟、中秋节吃月饼赏月、重阳节登高喝菊花酒）

1. 游戏导入

我听说咱们班的同学都特别喜欢背诗，老师想和你们做个游戏，考考你们。老师来说古诗的第一句，同学们就接着把我念的这首古诗继续背下去，行不行？（清明时节雨纷纷；独在异乡为异客）（学生背诵）这两首诗分别是写什么节日的？

设计意图：以学生学过的与中国传统节日有关的古诗导入新课，温故知新。

2. 引入新课

（1）揭题：今天我们一起再来学习一首描写节日的古诗《乞巧》，请同学们举起右手，和老师一起书空课题。（师一边板书，一边提醒学生注意拼音、笔画、间架结构）

设计意图：落实写字教学，把培养学生一笔一画把字写正确、写端正渗透到日常教学中。

（2）讲解生字。

①乞、巧都读第三声，两个第三声的字连在一起，应该怎么读？（前面的字要读成第二声，再读一遍。）

乞巧是什么意思？请同学们打开课本122页，第29课第一首古诗《乞巧》看看。

设计意图：教给学生学习古诗的方法之一，即通过看注释理解词语的意思。

② 看看这个"乞"字，提醒同学们在书写时注意什么呢？（注意写"乞"字要与

"气"字区分，乞字中间少一横，最后一笔为横折弯钩，旁板书：乞—气。）

设计意图：区分乞和气这两个平时书写容易混淆笔画的字。

③巧字左右结构，写的时候注意间架结构，左窄右宽。

④同学们，认真观察这两个字的间架结构以及占格位置。拿出田字格纸认真地把每个字写两遍。还要注意你的书写姿势：头正、身直，脚放平。开始书写。

设计意图：落实随课文识字，每节课都安排写字。

（3）诗人简介。

这首古诗的作者是林杰，唐代诗人。林杰小时候非常聪明，六岁就能赋诗，（跟我们学习过的古诗《鹅》的作者骆宾王一样，小小年纪就能写诗了。）精通书法棋艺。可惜的是，他年仅十七岁就去世了。这是他流传下来的两首古诗中的一首。

3. 学习古诗

（1）学读古诗。

①同学们平常学习古诗有哪些方法？（学生回答）读书百遍其义自见。读诗也是这样，反复诵读就是一个好办法。请同学们自由把古诗读三遍，注意读准字音，读通古诗。遇到不认识的字可以借助工具书和注释自己学习。

②学生自读古诗、指生轮读。（师：谁想读？读的同学注意，读准字音，声音洪亮。听的同学认真倾听，发现错误及时举手。）（生对学生的朗读进行评价：字音正确、句子通顺）

设计意图：朗读是解读文本的重要形式，学生通过读（出声朗读）、看（默读）、听（听老师范读）等途径，从整体上感受言语材料，在与文本对话的过程中逐步感知与理解。在课堂教学中充分发挥了读的功能，让学生在自主阅读中感受和理解文本，在教师的范读中启动情感，在默读和想象中整体感悟。

③学古诗，就是先要把古诗读得通顺流利才行。但这还不够，古诗都是有韵律、有节奏的，怎样才能读出节奏，请听老师读古诗，并试着用"/"标出古诗的节奏。

谁能说一说自己是怎样标的节奏线？

谁来展示自己的朗读才能？（指生读）是啊，读古诗就是要这样读得有板有眼。

设计意图：在声声朗读中感知、感受、感悟，从读得"字正腔圆"到"有板有眼"，从读得"正确"到"有节奏、有韵律"。

（2）学习第一、二句。

①孩子们，在刚才读的过程中，老师发现第一句中有两个字值得我们注意，它们的读音相同，字形也差不多，是哪两个字？（今宵、碧霄），读一读。（宵、霄）有什么相似？从字义上有什么区别？

这两个字都是形声字，我们说形声字的规律是形旁表义，声旁表示读音，肖表示读音，那你们知道这个宝盖头和雨字头表示什么吗？

你们看这个宝盖头和咱们头顶上的什么有关？（屋顶）古时候人们日出而作日落而息，夜晚人们要回家睡觉，就用宝盖头表示房屋，是夜晚的意思。同样的道理，你们说雨字头表示什么？雨从哪里下下来？（天空）雨字头就代表天空，碧霄指的是什么？（碧绿的天空）

"霄"字，也是我们今天要学习的生字，看老师怎么写这个字。

形近字我们在书写的时候一定要抓住他们的不同，用心来写。在田字格纸上认真地把这两个词语写两遍。

设计意图：从形声字的造字法着手来分析同音字，让学生记住这两个同音不同形、不同义的字。

②同学们，让我们一起来看看七夕夜晚的天空，浩瀚的宇宙，群星闪烁，犹如一颗颗宝石，看到这样的天空，你能来描述一下吗？

在点点繁星中，有两颗星星尤为耀眼，知道它的名字吗？（牵牛星和织女星）它们在银河的两边，遥遥相望。让我们到宇宙中去找找这两颗星星吧！（课件天文图：夏季大三角指在夏季的东南方高空里由天琴座的织女星、天鹅座的天津四及天鹰座的牛郎星组成的三角形。）

设计意图：出示"碧霄"图，让学生认真的观察，进一步感受这美丽的夜空。引导学生：夜空的美，不仅在于群星璀璨、白如纱带的银河，更在于那美丽动人的传说牵动着一颗颗善良人们的心。

望着璀璨的夜空，古代的劳动人民，想象出了一个又一个神奇美丽的故事，在这首诗中就藏着一个神话故事，请你快速默读古诗，并迅速地从诗中圈出来。

谁找到了？你们真了不起，都能从诗句中读出故事来了。来，一起读读这个藏着故事的诗句吧！

③想不想听一听这个故事？

师讲故事（配乐：天仙配）：牛郎呀，他是一个勤劳能吃苦的小伙子。而织女呢是天上的仙女，她有一双巧手，可以织出美丽的锦缎，绣出栩栩如生的图案。她绣的花朵非常逼真，就连蝴蝶都会停在上面。他们两个在一头老黄牛的帮助下，相爱了。过着平常而幸福的生活，后来还有了一儿一女。可是，天上的王母娘娘知道了，她可不同意。这凡人和神仙怎么能相爱呢？于是她派天兵天将把织女抓走了。当牛郎追去的时候，王母娘娘用银簪一划，天上出现了一条银河，牛郎再也过不去了。于是，就剩下了牛郎一个人，而他们的一双儿女也成了没有母亲的孩子。多么可怜呀！他们的故事感动了喜鹊，于是千万只喜鹊飞来，在银河上搭起了一座桥。让牛郎织女走上鹊桥相会。王母娘娘对此也无奈，只好允许两人在每年七月七日于鹊桥相会。于是，在七夕节这一天，人们是很少看到喜鹊的，因为，他们都到天上搭桥去了。

④多么神奇美丽的故事啊，来，咱们一起来读一读这句诗吧。

牛郎和织女，织女和自己的孩子，一年却只能见一次面啊！多么的不容易啊，让我们一起为他们祝福吧！（齐读）

诗句中渡河桥的"渡"字，是过河的意思，左右结构，三点水旁，也是一个形声字。写的时候要注意间架结构"左窄右宽"，请举起右手跟老师一起书空。

设计意图：生字教学与古诗教学同步进行，融为一体。

（3）学习第三、四句。

设计意图：在理解诗意的教学过程中老师让学生通过注释和课后资料袋自己解读文本，然后引导学生读中想、读中悟、读中品。学生在与文本一次又一次的碰撞中产生了思维的火花，学生不再是被动的接受文本，而是有了自己发表见解、发展个性的空间。

美丽的传说同样牵动着人们的心，地上的人们在七夕的晚上又在做什么呢？

①了解一下古代的人是怎样过乞巧节的？请你用"——"在资料袋中画一画。

师：谁来说一说？乞巧节又叫七夕节，女儿节，少女节。在这一天人们除了穿针验巧、手工赛巧以外，还有许多有趣的活动。

②那诗中的哪一句写的是人们七夕乞巧的风俗呢？（家家乞巧望秋月，穿尽红丝几万条）

是啊，每当这个时候，美丽的姑娘们，总会望着月亮，在月光下，悄悄地许下心愿。除了向织女乞来一双巧手之外，还乞愿家人幸福安康。在这样的节日，美好的心愿总是说也说不完，你从哪些词中可以看出姑娘们的心愿很多很多？

谁来说？（几万条）读一读这个词。姑娘们的心愿是很多很多的，这样读就够了吗？再读！

对了，读诗就是要这样把自己的感受融进去读。还有哪个词让你感受到了姑娘们的心愿还有很多？（穿尽）说一说你的体会好吗？

设计意图：激活学生的思维，从文本走向生活。

③她们把几万条红丝都穿完了，但她们的心愿却说也说不完。带着这种感觉，女生来读一读这句诗。（一群心灵手巧的女生）

那我们一起读出月下乞巧的感觉，听好老师前面的提示：七夕的月光照着小河，弯弯的小河边——（生读：家家乞巧望秋月，穿尽红丝几万条）

设计意图：情景朗读，让远离学生的古诗意境走进了学生的生活，在兴趣盎然的学习氛围中完成了古诗的教学。

④如今，有些地方还保留着七夕乞巧的习俗，那么，在同学们的家乡，七夕节又有一些什么习俗呢？

设计意图：感受中华传统文化的多元和魅力。

（4）拓展延伸。

①泱泱中华，悠悠千年，那历史的长河里沉淀了多少我们祖祖辈辈传下的经典啊！让我们一起再来读一读这首古诗，感受中华文化的源远流长。（请全班同学起立，《乞巧》，齐——）

②描写七夕节的古诗，除了乞巧，杜牧的《秋夕》也是流传很广的一首，咱们也一起来读一读。

设计意图：学习的拓展延伸，加强了与课本以外教学资源的联系。

③这节课我们学习了《乞巧》，知道了一个民间故事，了解了一种节日习俗，感受了一种传统文化。课后，请同学们把我们今天学习的古诗《乞巧》背诵下来，并把牵牛织女的故事与家人分享。

（五）板书

乞巧

天　上　相　会
人　间　乞　巧

四、导师点评

优点：

（1）落实了课标要求的生字认读、书写与诗文诵读；

（2）教学环节严谨，内容难度梯度合理；

（3）注重与诗文相关的传统文化的传承。

不足：

虽有导学案设计，但并未与教学过程有机统一。

"自己的花是让别人看的"（第二课时）教学设计

（人教版六年级上册）

佛山市禅城区教育局教研室　赖李真

一、设计理念

以跟随季羡林先生展开"异域风情之旅"的形式展开课堂，让学生在研读课文的过程中，理解了景色的奇丽与民族的奇特，从中达到点化本文的中心"人人为我，我为人人"的高尚境界。通过自读、默读、浏览、品读等多种方式来理解文本，以及在角色体验、情境想象、联系生活等形式多样的语言文字训练中让学生感受德国风情，体会异国文化，领悟"人人为我，我为人人"的人生境界，实现语文工具性与人文性的统一。

二、教材分析

本课是人教版六年级上册第八单元的第一课。本文是我国著名语言学家、教育家和社会活动家，北京大学教授季羡林先生写的一篇精美隽永的短文，作者表达对德国奇丽风景和与众不同的风俗习惯的赞美之情，在讲述德国风景民俗的同时，用最精练的语言点明了通俗易懂但又意味深长的道理，读来既开眼界，又回味无穷，颇受教育。

三、学情分析

五年级的学生已经具备了较强的独立识字能力和一定的阅读理解能力，能比较自主地进行语文学习。在学习本课时，学生可能对异国的风情民俗缺乏感知，对作者遣词造句、布局谋篇的运用缺乏了解，对文中蕴含的情感和哲理的揣摩缺乏深度。因此，在设计本教案时，力求通过多媒体、情境创设、课外资料补充等多种手段，协助教师与学生共同走入文本，品评与感悟。

四、教学目标

（1）有感情地朗读课文，积累课文中的优美语言。
（2）了解作者所介绍的德国风景与风俗特点，结合上下文与生活实际体会含义深刻的语句，从中受到启示与教育。

五、教学重难点及解决措施

重点：了解作者所介绍的德国风景与风俗特点，结合上下文与生活实际体会含义深刻的语句，从中受到启示与教育。
突破方法：抓住关键的词句反复朗读，想象，感受美景，积累佳句。
难点：理解"人人为我、我为人人"的含义，走进"颇耐人寻味"的境界。
突破方法：结合上下文，联系生活体验体会句子的含义和作者的情感。

必须注意：

因为德国人心中有着"人人为我，我为人人"的崇高境界，所以才会选择把花养在外面，花朵都朝外开的奇特的养花方式，故街上才能欣赏到奇丽的景色。据此，教学上老师要灵活变通，根据学生在课堂上对文章的理解与生成，及时调整教学思路，采取相应的教学方式去引导学生正确把握上述三者之间的关系。

六、教学过程

（一）复习导入，聚焦"奇丽、奇特"

（1）今天，我们继续走进德国，用我们的眼睛和心灵去发现异域的美，感悟他乡的情。

（2）出示并齐读词语：

耐人寻味 脊梁 莞尔一笑

花团锦簇 姹紫嫣红 应接不暇

经过上节课的学习，当季羡林先生再次回到德国时，他发出了怎样的感叹？

（3）课件出示：多么奇丽的景色！多么奇特的民族！

（4）默读课文，文章哪个地方让你觉得特别"奇特"，请用横线划下来。哪里又很"奇丽"，用波浪线划一划。

设计意图：温故而知新。通过复习上一节课的关键词语，抓住中心句导入课堂，直截了当，直奔主题。

（二）品读课文，入情入境

过渡：谁愿意把你的所想所画告诉大家？

1. 感受奇特的养花方式

（1）指生说，出示句子：家家户户都在养花。他们的花不像在中国那样，养在屋子里，他们是把花都栽种在临街窗户的外面。花朵都朝外开，在屋子里只能看到花的脊梁。

（2）推荐读：读得字正腔圆，谁有可能比你读得更好？请他再读一遍。

（3）这段话讲了什么？（生：德国人是怎样养花的）

从德国人的养花过程中，你觉得有什么奇特之处？

（4）"脊梁"的意义。

师："脊梁"指什么？文中花的脊梁是指？（拿花做示范）就是指花的背面，包括花的枝干和叶子。

师：如果在家里都只看到花的脊梁，那么美丽的花朵都——

生：朝外开。

师：如果养花的时候，花的脊梁都对着自己，那么别人都能看到——

生：美丽的花朵。

师：也就是说，自己的花是——

生：让别人看的。

（5）德国人爱花，却都将花最美的一面让给别人看，这种做法实在是（生：令人感到奇特、惊叹），这么与众不同，怪不得题目也以此命名了。你能读出这种惊奇吗？（齐读）

（6）小结：是啊，家家户户都是这样养花的，这不约而同的行为，可以看出德国民族多么奇特吧！（板书：奇特）

设计意图：用实物花朵带领学生理解词语，直观感受什么是"脊梁"，对于理解"奇特"的养花方式，学生有了更深入的理解。

2. 品味德国街头的奇丽景色

（1）过渡：德国人都用这种奇特的方式养花，走在德国街头，我们能欣赏到怎样一番景象呢？从文章哪里能体现出来？（指名学生说）

（2）出示句子："走过任何一条街，抬头向上看，家家户户的窗子前都是花团锦簇、姹紫嫣红。许多窗子连接在一起，汇成了一个花的海洋，让我们看的人如入山阴道上，应接不暇。"

师：好眼力！

读了这段话，哪里让你感受到了"奇丽"呢？

"花团锦簇"：从数量上感受到了花的多而茂盛。

"姹紫嫣红"：从颜色上感受到了花的颜色很丰富。

①用图示直观法解释"花团锦簇"（形容五彩缤纷、十分华丽的景象。）

师：找得真准！"花团锦簇"描写的是怎样一番景象呢？瞧，这就是花团锦簇，谁来形容一下？

②用近义词法解释"姹紫嫣红"

师："姹紫嫣红"是什么意思？这个词语专门形容花儿颜色丰富。形容颜色丰富的词语还有哪些？（万紫千红、繁花似锦、五彩斑斓、五颜六色……）

师：这两个词语都在形容花，是不是重复了？

（区别："花团锦簇"指花多而茂；"姹紫嫣红"指花艳而娇，一个强调数量，一个强调色彩。）

师：这两个词语从不同的角度描写了花的美，让我们把词语带进句子里，读出这种美丽，注意这两个词语读慢一点，慢慢回味。（齐读）

师：读词不光要有声音，加上表情更能体会到美，你来试试。（指生读、优生带读）

过渡：这句话里还有哪些词是写出了花多而美的？

用词素法解释"应接不暇"。

师："应接不暇"中哪个字最不好理解？"暇"什么意思？（空闲，没事的时候。"暇"与时间有关，所以要记住它是"日"字旁。）这个词语曾经出现在我们学过的哪篇课文里？（生：《鸟的天堂》）什么情况下，作者使用了"应接不暇"这个词语？本课又是用它来形容什么？

师：这里的鲜花如此美丽，如此壮观，让人应接不暇呀！

小结学词方法：在学习词语的过程中，你懂得了哪些方法？（近义词法，旧知学新知法等）

"花的海洋"：也就是说你眼前就是花的——（世界，这里表现出花多）。形容花非常的——多。这里用了一个比喻的修辞手法去写，更生动、更美丽了。

"山阴道上，应接不暇"：比喻事物繁多，应付不及，一个接一个，花儿永远看不完。

……

设计意图：此环节指导学生抓住重点词句反复品读，让学生在欣赏、品味、揣摩作者遣词造句的精妙，同时也引导学生体会多角度描写景色的写作方法，加深对文本的理解。

（3）欣赏景色，展开想象：听了同学们的朗读，老师也跃跃欲试，请同学们闭上眼睛，一边听老师朗读一边展开想象的翅膀，此时你正漫步在德国的街头，你看到了什么？听到了什么？闻到了什么？想到了什么？（教师配乐读第三段）

预设：

①你仿佛看到了什么？谁能说得更具体？

我仿佛看到了家家户户的窗子上都盛开着含苞待放、千姿百态的鲜花，在向我们招手，行人还不时地驻足观赏。

（评：你是用了两个关于花的四字词去形容，看到的花更美了。）

我仿佛看到了德国人家家家户户的窗前鲜花怒放，争芳斗艳，美极了！

（评：你形容的美景仿佛出现在我眼前。）

……

②想象得太丰富了，谈出了你此时自己的真实感受。你仿佛听到了什么？

我仿佛听到了，花儿们窃窃私语，好像在说："我们要感谢我们的主人啊！"

（评：你运用了拟人的修辞手法，更生动更吸引人了。）

我仿佛闻到了，花儿们散发出的阵阵清香。

（评：这花香沁人心脾，让人浮想联翩。）

……

（4）看（出示课件：德国街头美景），人们每天沐浴在花的海洋里，闻着花香，听着鸟语，望着窗外一朵朵、一簇簇，竞相开放，姹紫嫣红的鲜花，欣赏到的是多么奇丽的景色啊！（板书：奇丽）

（5）谁能通过朗读再现这些美景呢？觉得自己可以的就站起来读吧！

师：眼前的景色让人陶醉啊！我们能把这美丽背出来吗？试一试。

课件出示：

走过_____，抬头_____，家家户户的窗子前_____。许多窗子_____，汇成了_____，让我们看的人_____，_____。

设计意图：《语文课程标准》指出："在发展语言能力的同时，发展思维能力，激发想象力和创造潜能"。此环节借助视频景色，创设情境，展开想象，升华了学生的情感体验。在仿写的训练中，内化文本语言，展示自己的独特体验，发展了运用语言的能力。"入境动情"，学生已与作者达到情感的共鸣，此时的朗读能掀起情感的高潮。

3.体验"人人为我，我为人人"的崇高意境

（1）刚才我们真切地感受到了（指板书）德国民族的奇特、街头景色的奇丽。为什么德国会这样与众不同呢？

文中有一处明确地告诉了我们，请你找出来画一画，读一读。

（2）出示句子：每一家都是这样，在屋子里的时候，自己的花是让别人看的；走在街上的时候，自己又看别人的花。人人为我，我为人人。我觉得这一种境界是颇耐人寻味的。

（3）你找的是这一句吗？你呢？还有你。噢，我看到同学们不约而同地都找到了这一处，让我们一起读出来吧。（学生边读，老师边板书：人人为我，我为人人）

（4）课件出示：你是怎样理解"人人为我，我为人人"的呢？联系上下文谈一谈，"我为人人"是指什么？"人人为我"又是指什么。

预设：

生1：我觉得德国人把自己的花给别人看，自己在街上又看别人的花，就是人人为我，我为人人。

师：你是结合前面的一句话谈的。谁谈得比他更具体更深刻？

生2：我觉得德国人把自己的花种在临街窗户的外面，自己只看到花的脊梁，就是我为人人，人人为我。

师：是啊，自己的花是让别人看的，这就是我为人人。

生3：因为德国人都把自己的花让给别人看，所以走在街上，大家能欣赏到姹紫嫣红的花。

师：你真棒，懂得联系第三段的内容说出自己的看法。正因为我为人人，才有人人为我啊。

（5）德国人在养花和赏花之间传递着一种快乐，他们把自己的花让给别人看，诠释了"人人为我，我为人人"的精神。

（课件出示）那么生活中还有哪些事情也体现了这种精神？结合你曾看到的、听到的或亲身体验到的，在四人小组内互相交流一下。

举例：课文中德国人养花，自己的花是让别人看的，而各自又看别人的花；学生轮流值日打扫教室卫生，每人带课外书到班上建立图书角等等，都是人人为我，我为人人。

预设：

生1：有一次，我受伤了，我的朋友扶我去校医室，下次他生病了，我也扶他去校医室。

师："人人为我，我为人人"就体现在这一次次互帮互助之中。

生2：我在公交车上，看见许多人让座给老奶奶，也有人让位给我。下次我也会把座位让给有需要的人。

师：是啊，"滴水之恩，当涌泉相报"，"人人为我，我为人人"就体现在这一次次让座之间。

生3：在教室里，我认真地扫地，大家都这样，大家都能在干净的环境中学习。

师：再一次演绎了"人人为我，我为人人"。

……

（6）总结学习：现在，让我们来回顾刚才学习的过程，我们通过联系上下文和结合生活实际理解了课文难懂的问题，今后读书也要这样做，好吗？

设计意图：这一环节充分体现了学生自己的体验，既注重个人的感悟，也体现小组合作、探究学习的成果，同时教师从中穿插，或补充，或提示，或赞许，或指正，使学生的认知水平向更深层次拓展。

（三）美丽并没有改变——体会美的含义

过渡：留德10年期间，季羡林先生看到了多么奇丽的景色，多么奇特的民族，感受到了多么耐人寻味的境界。（指板书）当季先生再次重访德国时，他发现——

（1）出示句子：变化是有的，但是美丽并没有改变。

（2）当季先生再一次回到德国时，是多少年以后？（四五十年）那就是大约半个世纪，随着社会的发展，德国有什么发生改变？有什么却没有变？美丽包括了什么美？（景美、人美、境界美）

（3）美丽没有改变，这份美丽还会继续下去多少年？我们断言这份美丽会永远保持下去。

（四）研读"美丽"，升华情感
（1）了解写作目的：
季羡林先生写这篇文章，仅仅是介绍德国的风土人情吗？
（2）同学们，你们知道此时此刻季爷爷有怎样的感想吗？
课件出示：我仿佛又回到了四五十年前，我做了一个花的梦，做了一个思乡的梦。
季爷爷到底做了一个怎样的梦？请你展开想象的翅膀，当一回季爷爷，猜一猜他可能梦见了什么？挥笔写一写。（一、二组写花的梦，三、四组写思乡的梦）
（3）课件出示：
我做了一个花的梦，_____
我做了一个思乡的梦，_____
预设：
师：你离开过父母吗？多久？那段日子你想什么？季羡林先生离开祖国十年啊，"独在异乡为异客，每逢佳节倍思亲"，当他孤独一个人的时候，他会想写什么？
谁想得更深一点？季老仅仅是思念故乡吗？他看到德国这样美，德国人有这样美好的境界，他就不想对祖国说点什么吗？
是啊，这就是季老对祖国的美好心愿，这就是季老的梦。

（五）总结
这节课已经接近尾声了，学完这一课，不要忘了德国这美丽得让我们陶醉的景色，不要忘了德国这种"人人为我，我为人人"的境界，更不要忘了季羡林先生带给我们的这句话——自己的花是让别人看的。

（六）板书

自己的花是让别人看的

奇丽　奇特
↓
我为人人，人人为我

七、导师点评

我们说，教学水平的高下就是看教师是"教教材"还是"用教材教"，显然，这个教学设计很好地突破了传统语文教学"教教材"的诟病，可以说是"用教材教"的一个很好的范例，从这个意义上，的确是充分体现了省名教师的专业水平。

"从现在开始"教学设计

（人教版二年级上册）

■ 佛山市禅城区启智学校 马善波

一、设计理念

《培智学校义务教育课程设置实验方案》中对语文教学的具体要求：使学生掌握与其生活紧密相关的语文基础知识和技能；形成良好的公民素质和文明的行为习惯。本文又是一个有趣而又令人回味的童话故事。针对方案要求和文章特色，我创设了情境，把学生带入情境中去，通过师生交流、生生交流，在情境的体验中学习，从情境中启发，从情境中理解、体会角色的心理和人性特点，在辨析中悟出道理，使本文的难点在朗读体验交流中得到突破，最后回归现实，通过身边的人或事来提升他们对道理的理解。

本学案在杜威的实用主义理论指导下，采用的教学模式：敞现—交流—辨析—提升。

二、教学目标

（一）知识与能力目标

（1）结合重点词句体会朗读感悟，学习、积累语言；

（2）能根据文本，恰当地演读，边阅读边体验。

（二）过程与方法目标

通过自主、合作、体验多种方法，使学生在演读中体验。

（三）情感、态度、价值观目标

懂得要尊重别人的生活习惯，要尊重别人。

三、学案设计

活动一：
敞现：创设情景，知识回顾
活动二：
交流：进入情景，体验感悟
活动三：
辨析：表演情景，悟出道理
活动四：
提升：回归现实，尊重他人

四、教学实施

活动一：敞现——创设情景，知识回顾

1. 动物头饰挂胸前，自我介绍

你现在就是可爱的小动物了，请来介绍一下自己是谁，说一说你喜欢什么？

句式：从现在开始，我是一只 _____ ，我喜欢 _____ 。

生1：从现在开始，我是一只小猫，我会捉老鼠。

生2：从现在开始，我是一只袋鼠，我是跳着走路的，我喜欢吃草。

生3：从现在开始，我是一只小狗，我爱吃骨头。

生4：从现在开始，我是一只小鸭，我喜欢游泳。

生5：从现在开始，我是一只小猪，我喜欢睡懒觉。

生6：从现在开始，我是一只小鸡，我喜欢吃蚯蚓。

生7：从现在开始，我是一只非常可爱的小狮子，喜欢出去玩。

设计意图：先让学生作自我介绍，开始进入故事的角色，为走进文本、感悟故事内涵的哲理作铺垫。

2. 认读词语

师：狮子大王请邀请我们到森林里去。可是我们的路被河挡住了。但是没关系，你们读出这些词语来就能踩着石头过河了。（课件画面出现一条河，石头上是词语）。

小组长拼读，其他同学认读。

师：所有动物一起来过河吧。

设计意图：复习生字词的方法非常巧妙，既融入故事的情境之中，又能激起学生的浓厚兴趣。

活动二：交流——进入情景，体验感悟

1. 示范朗读全文

瞧！动物们都到齐了，你们先听孔雀姐姐朗读这篇课文好吗？（示范读）

课文读完了，你们谁在课文中找到自己了，请站起来告诉大家吧。

现在，就让我们来好好读一读，演一演课文吧。

2. 学习第1自然段

（1）狮子大王，是你找我们来的，你先来读一读你的决定吧。请戴"狮子"头饰的学生读狮子说的话。

（2）指导学生朗读狮子说的话。

3. 学习第2自然段

第一个上任的是谁？（生：猫头鹰）请你们在小组里读读第2自然段，注意读好猫头鹰说的话。

（1）狮子大王已发布了命令，请我们的猫头鹰赶快上任吧。请戴"猫头鹰"头饰的学生读猫头鹰说的话。指导朗读，通过词语"神气极了、立刻下令"表现出猫头鹰得意的样子和命令语气。

师：这只猫头鹰新上任心情如何？请你圈出一个词。

生1：神气。

生2：神气极了。

师：这两个词有什么区别？

生：神气是威风，神气极了是非常的威风。

师：如果我非常高兴怎么说？

生：高兴极了。

师：像这样的词你还能说吗？

生1：快乐极了。

生2：兴奋极了。

生3：伤心极了。

生4：可怕极了。

……

设计意图：引导学生在具体的语言环境中理解词语的意思，并迁移运用这种语言形式，学生在潜移默化中就会积累许多语言表达的方式。

师：让我们看看这神气极了的猫头鹰是怎么下令的。自由练习，谁读得最神气，就请谁下令。

学生自由练读后，教师指名学生读。

师：让我们一起来替它下令。

生齐读。

（2）小动物你们听了感觉如何？指导朗读，通过"议论纷纷、叫苦连天"朗读出动物们的心情、神态。

①创设情境：听了猫头鹰的命令，你们同意吗？有什么意见，快跟周围的同学说说。

师：小猴你来说……

小猪你来说……

小鸟你来说……

②引导：刚才大家七嘴八舌、你一言我一语，纷纷表达心中的愤怒或意见，这就叫作——议论纷纷。

③学习"叫苦连天"一句。

想象、体验：一个星期下来，动物们过得怎么样呢？你是怎么知道的？

（3）朗读：个别读、齐读。

板书：猫头鹰、白天休息、夜里做事、叫苦连天。

4. 学习第3自然段

（1）第二个上任的是谁？请戴"袋鼠"头饰的学生读袋鼠说的话。指导朗读，通过词语"激动"朗读出袋鼠的心情。

师：猫头鹰可把大家折腾死了，接下来有请袋鼠。袋鼠在哪儿？你心情如何？

生1：我很高兴。

师：那就请你高兴地下令。

生1读袋鼠下令的句子。

生2：我很激动。

师：那你就激动地读一读。

生2读句子。

师：让我们一起下令。

生齐读。

（2）小动物你们听了感觉如何？指导朗读，通过"议论纷纷、叫苦连天"朗读出动物们的心情、神态。

师：小动物都同意吗？从哪个词看出来。

生：直摇头。

师："直摇头"是怎样的？

生表演。

设计意图：用表演的方式来理解词语的意思，既形象直观、又符合低年级孩子的心理特点，很有效。

师：这星期过得怎么样？请读一读第3自然段。指名三位学生后，齐读。

5. 学习第4自然段

好不容易一个星期又过去了，轮到猴子当大王了，小动物们你们会担心些什么？请你们先读一读课文第4自然段，然后才在小组里讨论一下。

（1）小组读、讨论。

（2）轮到猴子当大王了，小动物们你们会担心些什么呢？

（3）你们有这么多的担心，那我们来听听猴子大王又是怎么下命令的？

（4）你们习惯的方式是什么？

（5）理解"欢呼"一词

师：能用习惯的方式生活，你们高兴吗？课文中用了哪个词表现你们高兴的心情呢？

生：欢呼。

（6）指导朗读，通过词语"担心、欢呼"朗读出动物们在小猴子说话前后的心情、神态的不同。

6. 学习第5自然段

（1）狮子听了猴子的话，现在你是不是又有命令发布呀？请戴"狮子"头饰的学生读狮子说的话。

（2）指导朗读，注意"笑眯眯、郑重"这两个词语，读出狮子的心情和语气。

活动三：辨析——表演情景，悟出道理

（1）讨论完成练习题。

（2）师生共同评价讨论结果，悟出道理。

提问：你喜欢猫头鹰当大王吗？你喜欢白天休息，夜里做事吗？

引导：白天休息，夜里做事只是猫头鹰自己的习惯，他有没有想到你们的习惯呢？所以猫头鹰只想到了谁？

提问：你喜欢袋鼠当大王吗？你喜欢跳着走路吗？（引导同上）

你喜欢小猴子当大王吗？（引导同上）

练习题：根据课文内容将下面的词语写在适当的位置。

| 白天休息，夜里做事 | 直摇头 | 立刻欢呼 |
| 叫苦连天 | 跳着走路 | 习惯的方式 |

万兽之王	命令（要求）	动物们的表现
猫头鹰		
袋鼠		
小猴子		

你们喜欢猫头鹰当大王吗？

你们喜欢袋鼠当大王吗？

你们喜欢小猴子当大王吗？

设计意图：学生的情感体验会随着不同层次的阅读逐步深入。引导学生在虚拟的童话情境中，调动自己的生活和情感积累，充分展开想象，在想象中体验，在想象中说话。

活动四：提升——回归现实，尊重他人

（1）情景问题，请学生回答。

（2）说出原因，知道在生活中尊重他人的道理。

设计意图：通过设定生活中的情景，使学生从文本迁移到现实生活中，懂得尊重他人的道理。

五、板书

从现在开始

```
万兽之王    命令（要求）        动物们的表现
猫头鹰      白天休息，夜里做事    叫苦连天  ┐
袋鼠        跳着走路             直摇头    ├ 尊重他人
小猴子      习惯的方式           立刻欢呼  ┘
```

六、导师点评

（1）教学目标的三维目标明确、突出，从故事切入，很好地解决了重难点。

（2）教学形式上，用情景引入，充分体现了师生愉悦的心情。

（3）教学方法运用恰当，教师在课堂比较机智，把周围的环境为自己所用。

（4）特殊教育除了三维目标还应该体现补偿缺陷和潜能开发这一目标。

"草船借箭"教学设计
（人教版五年级下册）

■ 鹤山市沙坪街道第一小学 冯婉霞

一、设计理念

五年级下册第五组教材是以"中国古典名著"为专题，阅读名著对于增益智慧、提升素养特别是语文素养有着举足轻重的作用。单元导读中明确，学习本组课文，要理解主要内容，感受人物形象，体验阅读名著的乐趣。教学设计上，我把理解主要内容安排在第一课时，把感受人物形象，激发学生阅读作为本节课的重难点。

（1）在教学过程中，我努力想做到"让人物形象活起来"。在课文中有四位人物，重点的是诸葛亮，我就主要研究诸葛亮的"神机妙算"，从研读诸葛亮的"神机妙算"中感受其他人的形象。除了通过内容的理解，我还通过抓住人物语言感受这些人物的形象。而人物的语言描写是这篇课文的一大特色。在品读活的语言中储存活的形象。形象的语言是刻画人物形象的最好载体，让孩子感悟形象，再现形象，必须品读课文中富有形象色彩的语言。我抓住了两处，一处是"这时候大雾漫天，江上连面对面都看不清"，这一句表面上是写周围环境的，但我理解，鲁肃和诸葛亮都同时看到这一场大雾，他们的表现怎样，通过朗读我们就可以感受到两位人物不同的形象。另一处是抓住诸葛亮的笑，这一笑笑出了诸葛亮的大度，笑出了诸葛亮的胸有成竹。所以我让孩子仔细品味，反复诵读，在诵读中体会笑的丰富的内涵。这样通过语言点的读悟，对人物形象进行再现，使这个人物形象深深植入在孩子们的内心世界。

（2）为了激发学生阅读名著的兴趣，除了设计课前准备有关诸葛亮的故事，让孩子有展示的机会外，还在教学中设计阅读原著部分内容。我向学生提出一连串的问题：原著中鲁肃说："先生真神人也！"为什么鲁肃这样赞叹？当鲁肃向诸葛亮讨教，诸葛亮是怎样回答的？同学们想知道吗？通过问题引起学生的阅读兴趣，激励孩子回去阅读相关的章节。

（3）在组织教学过程中，我注重以生为本，倡导自主、合作、探究的学习方式。充分让学生自主研读，合作交流。努力为学生搭建展示自我的舞台。从课前三分钟的展示，到小组的汇报，到最后学生交流诸葛亮的故事，都体现出以学生为主，让学生充分展示自我。"小组合作学习，打造高效课堂"这一课题是我校一直研究的，这一模式，使孩子们真正成为课堂上的主人。

二、学案设计

（1）用心把课文读3遍，给课文标好自然段，并给课后生字标上拼音及组词。
（2）理解下列词语的意思。自有妙用　神机妙算（写在书本上）
（3）用简洁的语言概括故事的
起因：_____

经过：＿＿＿＿＿＿＿＿＿＿＿＿＿＿＿＿＿＿＿＿＿＿＿＿＿＿＿＿＿＿＿＿＿

结果：＿＿＿＿＿＿＿＿＿＿＿＿＿＿＿＿＿＿＿＿＿＿＿＿＿＿＿＿＿＿＿＿＿

（4）请用一两句话评价文中的人物。（在文中划出你评价这个人依据的句子）

周瑜：＿＿＿＿＿＿＿＿＿＿＿＿＿＿＿＿＿＿＿＿＿＿＿＿＿＿＿＿＿＿＿＿

诸葛亮：＿＿＿＿＿＿＿＿＿＿＿＿＿＿＿＿＿＿＿＿＿＿＿＿＿＿＿＿＿＿＿

鲁肃：＿＿＿＿＿＿＿＿＿＿＿＿＿＿＿＿＿＿＿＿＿＿＿＿＿＿＿＿＿＿＿＿

曹操：＿＿＿＿＿＿＿＿＿＿＿＿＿＿＿＿＿＿＿＿＿＿＿＿＿＿＿＿＿＿＿＿

（5）结合课文说说诸葛亮的"神机妙算"表现在哪里？（划出有关的句子，在文中写写批注）

概括从哪几个方面表现出来的：＿＿＿＿＿＿＿＿＿＿＿＿＿＿＿＿＿＿＿＿

＿＿＿＿＿＿＿＿＿＿＿＿＿＿＿＿＿＿＿＿＿＿＿＿＿＿＿＿＿＿＿＿＿＿＿＿

（6）除了《草船借箭》这个故事，在《三国演义》中还有哪些故事体现了诸葛亮的"神机妙算"？用简洁的语言概括这个故事：

＿＿＿＿＿＿＿＿＿＿＿＿＿＿＿＿＿＿＿＿＿＿＿＿＿＿＿＿＿＿＿＿＿＿＿＿

＿＿＿＿＿＿＿＿＿＿＿＿＿＿＿＿＿＿＿＿＿＿＿＿＿＿＿＿＿＿＿＿＿＿＿＿

（7）收集关于《三国演义》的歇后语。（不少于四句）

＿＿＿＿＿＿＿＿＿＿＿＿＿＿＿＿＿＿＿＿＿＿＿＿＿＿＿＿＿＿＿＿＿＿＿＿

我最喜欢（哪一句）：＿＿＿＿＿＿＿＿＿＿＿＿＿＿＿＿＿＿＿＿＿＿＿

因为：＿＿＿＿＿＿＿＿＿＿＿＿＿＿＿＿＿＿＿＿＿＿＿＿＿＿＿＿＿＿＿

（8）在《三国演义》中，你最想跟谁交朋友？为什么？（可以通过故事说明理由）

＿＿＿＿＿＿＿＿＿＿＿＿＿＿＿＿＿＿＿＿＿＿＿＿＿＿＿＿＿＿＿＿＿＿＿＿

＿＿＿＿＿＿＿＿＿＿＿＿＿＿＿＿＿＿＿＿＿＿＿＿＿＿＿＿＿＿＿＿＿＿＿＿

三、学习目标

（一）知识与能力

理解课文内容，感受人物形象，体会诸葛亮的神机妙算。

（二）过程与方法

通过小组合作学习，抓住重点语句，体会诸葛亮的神机妙算。

（三）情感态度与价值观

感受诸葛亮神机妙算的才智；激发学生阅读《三国演义》的兴趣。

四、教学实施设计

（一）课前三分钟

分享课前搜集的有关《三国演义》内容的歇后语，并说说喜欢的理由。附上学生分享的内容。林：大家好，我给大家带来的有关《三国演义》中的歇后语有：周瑜打黄盖——一个愿打一个愿挨。诸葛亮焚香弹琴——故弄玄虚。张飞穿针——大眼瞪小眼。诸葛亮的鹅毛扇——神妙莫测。其中，我最喜欢的歇后语是：诸葛亮的鹅毛扇——神妙莫测。因为这充分显出了诸葛亮的聪明机智。请大家一起跟我读，生齐读：诸葛亮的鹅毛扇——神妙莫测。谢谢大家！黄：我分享的歇后语是：张飞吃豆芽——小菜一碟。张飞穿针——大眼瞪小眼。周瑜打黄盖——一个愿打一个愿挨。还有一句是关公赴会——单刀直入。我最喜欢的一句是关公赴会——单刀直入。因为它突出了关公英勇豪迈的特点。请大家一起跟我读，生齐读：关公赴会——单刀直入，谢谢大家！

设计意图：通过学生课前的搜集以及课堂上的分享，让学生积累更多的歇后语，也从中了解《三国演义》中的一些人物性格特点或故事内容等。

（二）复习导入

请一位学生复述《草船借箭》的主要内容。

设计意图：这样的设计既复习了第一课的主要内容，又锻炼了学生的口头表达能力。

（三）研读"神机妙算"

1. 自主研读

同学们默读课文第三部分，把你认为最能表现诸葛亮神机妙算的句子划出来，再用心体会，诸葛亮到底"神"在哪里，妙在何处。

设计意图：抓住关键词语"神机妙算"进行解读课文，让学生懂得抓关键词语，重点句子体会人物个性特点。而且在小组合作学习之前让学生有充分的准备，有个人的见解，避免个别学生等别人的发言或"人云我云"。

2. 合作交流

（1）小组交流。

设计意图：围绕自主学习的问题进行小组交流，让学生畅所欲言，并在交流中得出最恰当的答案。

（2）全班汇报。

预设一：诸葛亮神机妙算，知天文，算准了天气。

预设二：诸葛亮神机妙算，识人心，算准了人。

理解诸葛亮算准了曹操、鲁肃、周瑜，体会人物形象。

曹操这人怎样？（谨慎多疑）而诸葛亮对曹操这一特点了如指掌。诸葛亮除了算准曹操外，还算准了谁？联系上下文说说。（算准了鲁肃，知道了鲁肃是一个忠厚守信的人）你从课文哪些地方可以看出来？（汇报课文句子）算准了周瑜的阴险狡诈，心胸狭窄，从哪些地方看出？（课文第2、3自然段）请两位同学分角色读读第2、3自然段。（学生相机板书：周瑜：心胸狭窄、阴险狡诈；鲁肃：忠厚守信；曹操：谨慎多疑）

设计意图：抓住课文重点语句，让学生懂得归纳人物的性格特点。

预设三：诸葛亮神机妙算，晓地理，算准了借箭的方法。

（补充说明：无论讲到哪个预设，都要回顾周瑜长叹一声说："诸葛亮神机妙算，我真比不上他。"）

（3）周瑜到底哪些地方不如诸葛亮？（小组讨论）

周瑜的气度，周瑜的胸怀，周瑜的为人，周瑜的才智，周瑜的智慧都不如诸葛亮，难怪鲁肃了解了整个借箭过程后说："先生真神人也。"然后就向诸葛亮讨教，这个神机妙算是怎么来的。同学们想了解诸葛亮吗？（老师读相关片段，读到诸葛亮的回答就停下。）

设计意图：通过这样的方法激发学生阅读名著的兴趣，激励孩子回去阅读相关的章节。

后人借这件事写出了赞美诸葛亮的一首小诗：

一夜浓雾满长江，

远近难分水渺茫。

骤雨飞蝗来战舰，

孔明今日伏周郎。

设计意图：让学生进行积累，包括内容的积累以及语言的积累。

（四）总结延伸

分享《三国演义》中诸葛亮的故事。

设计意图：通过课前的布置，让学生搜集除课文外的关于诸葛亮的故事，通过交流，让学生进一步感受诸葛亮的"神机妙算"，也激发学生阅读名著的兴趣。

（五）布置阅读

在小说《三国演义》中，你还认识到了哪些人物，你能用词语概括一下你认识的人物的性格特点吗？（我在《三国演义》中认识了曹操的奸诈、刘备的仁厚、关羽的忠义、张飞的勇猛……）

《三国演义》中，有名有姓的人物超过400人，给人印象深刻的也不下数十人，这是《三国演义》最突出的成就。回去让我们利用课余的时间，阅读《三国演义》全书或其中的一些故事，我们再深入研究这些人物。

设计意图：让学生继续走进名著，继续研究给自己留下深刻印象的人物。

（六）板书

草船借箭

诸葛亮　神机妙算
周瑜　　心胸狭窄
　　　　阴险狡诈
鲁肃　　忠厚守信
曹操　　谨慎多疑

五、导师点评

本课程教学重点突出，能紧扣人物性格的分析去展开教学；且手段丰富，层次分明，能较好地调动学生研究课文的积极性。建议在启发学生开创阅读新视角方面，可以再深入一些。如传统对周瑜的性格解读是"心胸狭窄"，也正因为这样先入为主的价值判断，作家是将周瑜作为智谋不如诸葛亮的对立面来写的。究竟历史上的周瑜成就如何？可以鼓励学生进一步探讨，以此更好地理解文学的规律。

"伯牙绝弦"教学设计

（人教版六年级上册第八单元）

■ 吴川市梅菉中心小学　李上青

一、教材分析

《伯牙绝弦》是小学语文人教版第十一册第八单元的一篇文言文。它讲述了春秋时期，俞伯牙与钟子期以琴相识，以琴相知，最后因子期早亡，伯牙破琴绝弦、遂成绝响的故事。全文共77字，5句话。1句为起，2、3、4句顺承而下，5句急转而后合，语言凝练典雅，抑扬顿挫，生气郁勃。

教学本文，我期待引领学生增加一些文言文的阅读体验，感受这篇课文特有的语言现象；其次，继续渗透文言文的基本阅读方法，在借助注释、联系上下文的基础上还能用现代语汇去补充；再有，依托语言层层深入地感知"知音"的真正内涵，体会课文表达的情感，学习展开联想和想象进行表达的方法；使学生实现文化意象的传承，感受传统文化的熏陶。

二、教学目标

（1）通过朗读、品味、比较、联想等多种方式学习课文，在学懂的基础上熟读背诵。

（2）初步运用借助注释、联系上下文等学习文言文的基本方法，感受常用的文言词汇，增加文言文的阅读体验。

（3）紧扣单元教学目标，感受《高山流水》的知音文化，明确朋友相交的真挚深沉，感受传统文化的熏陶。

三、教学重难点

（一）重点
学生能凭借注释和工具书读通、读懂课文内容，在此基础上记诵积累。

（二）难点
感受朋友间相互理解、相互欣赏的纯真友情，解读"知音"。

四、教法、学法

（一）教法
以读代讲法、情景感悟法、点拨引导法。

（二）学法
自读自悟法、合作学习法、"读、议、思、悟"结合法。

五、教学准备

教学幻灯片、作业纸。

六、教学过程

（一）解读课题，导入新课

（1）读题，析"绝"。
（2）质疑导入。

（二）反复诵读，疏通文章

（1）提出要求，合作自学。
（2）反复诵读，感受文言韵味。
（3）结合注释，理清文意，相机析"善"，感知"一字多义"。
（4）自由质疑，扫清障碍。

（三）品读课文，解读"知音"

（1）初步理解"知音"。
（2）品读句子：伯牙鼓琴，志在高山，钟子期曰："善哉，峨峨兮若泰山！"志在流水，钟子期曰："善哉，洋洋兮若江河！"
（3）想象补写句子。
伯牙遇钟子期，感慨道："善哉，善哉，＿＿＿＿＿＿＿＿＿＿＿＿＿＿＿＿。"

（四）拓展延伸，悟读"悲痛"

（1）创设情景，感受"悲痛"。
（2）品读句子，悟读"悲痛"。

（五）回归原文，升华主题

（1）诵读全文。
（2）总结收获。

七、板书

伯牙绝弦

善　　　　志
喜　知音　念
悲　　　　心

八、导师点评

（一）以读为本，感受文言韵味

由于文言文距现代的时间比较久远，而且语言表达形式和白话文有很大的差异，因此，学生阅读起来有一定的困难。李老师依据学生实际，通过自由读、指读、范读、师生合作读、创设情境读、背诵等多种形式的穿插进行，不仅让学生把握文言文朗读的技巧，能正确流利地朗读课文，更为文字的理解内化打下了基础。

（二）合作探究，落实主体地位

高年级的学生，有了一定的知识积累，掌握了一般的阅读方法，具备了较强的自学能力。在初解文意这一环节中，李老师从学生的能力基础和学习需求出发，引导学生进行独立思考、小组合作、自主学习。在交流中，教师适时地抓住学生确实解决不了的问题进行重点深究，做到以学定教。在这一过程中，学生自悟自得，合作互助，共同进步，主体地位得以真正落实。

"西风胡杨"第一课时教学设计

（语文出版社版五年级上册）

■ 茂名市祥和中学（小学部） 周彩霞

一、设计理念

本文是一篇状物散文，语言优美，充满激情，散文之魂"情"动其间，让孩子们在饱含各种情感的阅读中理解课文内容，领略胡杨精神，与作者产生情感共鸣。按新课程标准以读促讲、自主感悟的理念为指导，我确定了本课的教学设计理念为：

（1）以读为主，读中想象，读中感悟。

（2）以读促写，读写结合。学习"胡杨之最"部分，体会作者对"沙漠神树"的赞美，学习作者的表达方法。

二、导学设计

（1）查找胡杨的相关资料。

（2）用喜欢的方式读课文，自学生字词。

（3）熟读课文，勾画出能反映胡杨特点的重点词句。

（4）有感情地朗读文段，体会作者的情感。

三、学习目标

（1）辅导学生认识本课10个生字，会写15个字，掌握12个词语。

（2）学习通过抓住关键词句反复研读和做批注的方法来理解句子的含义。

（3）指导学生有感情地朗读课文，背诵2、3、4自然段中的一段。

（4）仿照课文的2、3、4自然段，按照"先概括，后具体"的写作方式写一段话。

四、教学实施设计

（一）学习过程

1. 揭示课题，走近胡杨

（1）创设情境：在茫茫戈壁的深处，在浩瀚沙海的边缘，在风沙暴烈的盐碱地上，有一种顽强的树木在向恶劣的环境挑战，那就是其貌不扬却感天动地的胡杨。（画）今天我们一起来走近胡杨，感受它不死的生命和永存的精神。

（2）交流资料，谈谈心中的胡杨。

师：课前老师布置大家搜集资料，请用自己的话说说胡杨与我们身边的树木有什么不同？

生1：它生活在沙漠里，长得很不茂盛。

生2：它的姿态非常壮观，树枝弯曲，树干也不那么挺拔。

（3）作者潘岳眼中的胡杨又是怎样的呢？我们一起走进课文。请同学们一齐来读课题。（响亮地读，深情地读，赞叹地读）

（4）在课后"指南针"的指导下，围绕课文内容质疑、解疑。

师：读书时能多问几个为什么，对我们深入理解课文有很大的帮助，这种提出问题、求得解答的读书方法叫作质疑。请说说你在预习课文中，有什么要质疑的。

（生：……）

非常好！让我们一起在学习中寻找答案。

设计意图：检查课前学生的预习情况和搜集资料的情况，梳理有价值的问题。

2. 学习生字词，理清课文大意

师：请大家打开书本，自由读课文，把生词读准，把课文读通。

同学们读得很认真，下面老师检查一下你们的学习效果。

（1）检查读音。（出示课件）（大家一齐朗读。指名读4人）

（2）有几个字的读音容易读错，看，谁来读下。（红色标记）

（3）翘舌音的词语，读起来有一定的难度，谁来挑战一下：坚韧　炙热　滋润　蒸熬。

（4）指导书写：炙。

在这一课的生字中，炙字容易写错，而且难写好，让我们一起来写写吧。先看老师写一遍，注意书写要领。上下结构的炙字，上部分写在横中线上面，撇起笔于竖中线，横折撇要甩开来，注意里边有两点。下半部分点撇分列竖中线两边，一撇一捺要写得舒展，而且要站稳脚跟。

你们在生字本上，把"炙"字写一下，看谁写得好。（展示两个，一好一坏）

（5）请同学们说说，课文主要写了哪几部分内容？（出示课件）

设计意图：培养学生自主学习能力，理解段落的结构特点，培养学生的概括能力。

3. 品读感悟

（1）提出学生自学任务。

师：在作者的眼里，胡杨是秋天最美的树。这种只生长在沙漠里、古老而又珍贵的树种，它的美不光在它的外表，更在它的内在与精神。（看图）

师：我们看看作者是从哪几方面赞美胡杨的呢？（出示课件）（板书：坚韧、无私、悲壮）

师：下面我们关注胡杨的特点，看看作者是怎样把这些特点写具体的。而这个任务交给四人学习小组，请各小组选择其中的一个特点，合作学习，好吗？

出示学习提示：①用喜欢的方式读文段。②边读边勾画出能反映特点的重点词句。③联系上下文，读懂词句的意思。④有感情地朗读文段。

过渡：同学们的学习积极性很高，下面请汇报一下你们的学习情况。

（2）学习胡杨的坚韧。

师：我们先来谈谈胡杨的坚韧。坚韧是什么意思？课文是怎样把它的坚韧写具体的？从这段话中你感受到胡杨的生存环境如何？炙热是什么意思？面对如此恶劣的环境胡杨毫不惧怕，依然保持它硬汉的形象，文中那些词可以看出来？

师：好一个伟岸、硬朗的大丈夫！谁来赞赞它？把这句话读一读。（指名读、评读）

你感受到它的坚韧了吗？强调这些带点的词，会读得更有感觉，你再试试。

（想象读）师：茫茫沙漠，炙热、严寒、狂风、黄沙，多么恶劣的生存环境呀，用想象画面的方法，定能读出胡杨的坚韧，谁来？

（合作读）师：胡杨耸立于黄沙之中，让我们也像胡杨那样挺拔着，师生合作来读一读这段话，站起来吧（请留意老师的提示）

教师引读：胡杨，是最坚韧的树。尽管沙漠缺少泥土和水，但是胡杨不怕——
生接：胡杨的根茎很长，……并深深根植于大地。
教师引读：尽管夏天炙热，冬天严寒，还有斑斑盐碱、层层黄沙，但是胡杨不怕——
生接：它能在零上四十摄氏度的炙热中耸立……不怕铺天盖地的层层黄沙。

师：同学们，为了突出胡杨的特点，课文列举了不少数据，请看句子中画横线的部分，你知道这种说明方法叫作什么吗？（列数字示）使用列数字的方法，必须严谨，注意数字的准确性。

师：聪明的同学们，你们能不能也试着用列数字的方法，用老师提供的画面与数据，说一两句话。

（3）学习胡杨的"无私"。

师：同学们，我们继续谈谈胡杨的无私。哪些语句具体写出了它的无私？

你怎么理解句子中浮华虚名、摧肝裂胆两个词的意思？（牡丹、桃花、奇花异草，看上去都有华丽的外表，让人羡慕的声誉、地位对吧？而胡杨并不为太多人所知，属于它的只有恶劣的生存环境，把肝胆都摧裂的风沙。）

师：把光环都让给了别人，把残酷留给了自己，可惜了解它的人并不多。课文怎么说？我们一起读读。芸芸众生是什么意思？

师：多么无私的胡杨呀，读到这你觉得作者仅仅把胡杨当作一种树吗？不，作者已经赋予了胡杨以人类特有的情感，这种把事物当作了人来写的方法叫作拟人。

师：同学们，除了拟人，这段话中还有个更值得我们学习的修辞手法，你知道是什么吗？排比句对于情感的表达具有层层深入的作用。谁能把这种情感读出来？（语调不断加强，语速不断加快，情感不断加深，读出排比句的气势）

这里有两句排比句，你选一句读读。另一句谁来读？（指名读1、2）

师：老师也想读读，可以吗？

师：老师为你们配上音乐，你们一起来赞赞胡杨的无私！

师：这段话写得这么好，我们若能把它背下来，就更好了！赶快试着自己背一背吧。（出示幻灯片）下面我们根据提示，全班同学试着背一下。

师：你能模仿文中排比的手法，把这两句话补充完整吗？任选一句试试。

能说会道：

书是 _____ ，是 _____ ，是 _____ ，我们的成长离不开它。

小湖的对岸是 _____ ，是 _____ ，是 _____ ，风景真美呀！

（4）感受胡杨的"悲壮"。

师：同学们，我们最后谈谈胡杨的悲壮。悲壮是什么意思？文中有没有句子为我们做出了最好的解释？

师：谁能把胡杨的悲壮读出来。（分女、男读）

（5）感悟写法，读写结合。

聚焦写法：

师：同学们，我们再看描写胡杨特点的这三段话，（出示课件：课文的2、3、4自然段）。你能发现它们在写法上的共同之处吗？看看每段的第一句话跟后面的内容有什么关系？（红色线画出第一句话）

师：通过刚才的学习，我们知道每段话的第一句都概括了胡杨的一个特点，后面的句子是在具体写清楚这个特点。这就是我们常说的"先总，后分"的写法。（板书：总分）而在具体描述的过程中，作者又运用了列数字、拟人、排比等手法，将胡杨的特点写得具体、生动、形象。

设计意图：加强朗读方面的指导，在读中想象，读中悟情，品味写法，做到读写结合，提高学生的语文核心素养。

4. 布置作业

希望同学们在以后的写作中，能用好这个方法。最后老师给大家布置一个小任务：运用"总分"的方法写一段话，介绍你熟悉的一种植物，把它的特点写具体。

设计意图：读写结合、学以致用。通过练笔让学生熟练地掌握"总分"的写作技巧。

（二）板书

西风胡杨

先概括　　后具体
坚　韧　　列数字
无　私　　排　比
悲　壮　　拟　人

五、导师点评

《西风胡杨》学案设计，以语文新课程标准的基本理念为指导，切合学段课程标准要求，主要体现以下特点：

第一，注重培养学生的自主、合作的学习能力。在本学案设计中，教师把"做"的任务派给学生，把"说"的机会让给学生，把"练"的方法教给学生。鼓励学生通过思考、讨论、探索、实践等活动去获取知识，真正成为学习的主人。

第二，贯彻以读为本、读思结合的阅读教学理念。本课堂通过形式多样的、充分的朗读，使学生在读中求知、在读中悟情、在读中升华思想。读文章想画面是训练学生语感，培养学生情感的有效手段。读书时展开想象，入情入境，能再次亲历语言文字，体验文章表达之精彩。

"一个小山村的故事"第二课时教学设计

（语文出版社版三年级上册第七单元）

■ 梅州市蕉岭县新铺镇中心小学　林淑媛

一、设计理念

本设计立足中年级词句教学的重点，从单元训练着手，通过默读、朗读、品析等途径，增强语感，训练思维，落实"语用"，让学生"言意兼得"。

二、学案设计

（1）静思默想：课文是怎样描写村民滥砍滥伐、破坏环境的？

学法提示：

①默读第2、3段，划出让你感受最深的句子。

②抓住重点词谈谈自己的体会。

句子一：_____

体会：_____

句子二：_____

体会：_____

（2）浏览整理：搜集有关环境保护的宣传标语。

三、学习目标

（1）有感情地朗读课文，理解课文内容，树立环保意识。

（2）联系上下文和生活实际，抓重点词理解含义深刻的句子，并体会句子所表达的思想感情。

四、教案设计

（一）学习过程

1.复习引入，明确目标

（1）师：同学们，这节课我们将继续学习27课，请大家齐读课题。这个小山村曾经是怎样的？（板书：美丽）我们一起来重温一遍。

（2）出示课件，全班齐背诵。

山脚下，____有过一个____的小山村。山上是_____，村边是_____，每天都能听见_____，看到_____。

（3）小结：通过上节课的学习，我们知道第一段作者采用了总分的写法和拟人的修辞手法写出了小山村的美。这节课我们将继续深入学习课文。

设计意图：积累是学习语文的重要方法之一，上课前检测孩子们的背诵，既了解了学生的学习情况，更有利于引导学生丰富积累，培养语感。

（4）出示学习目标。

①有感情地朗读课文，理解课文内容，树立环保意识。

②联系上下文和生活实际，理解含义深刻的句子，并体会其表达效果。

设计意图：引导学生明确本课时的学习任务，使学生听有方向，学有目标，树立目标意识，真正成为学习的主人，发挥他们的主体作用。

2. 细读品味，深入领悟

1）默读课文，圈划出写小山村最后结局的段落。再思考并从中找出一句能够概括这个小山村结局的句子。

可是，小山村却已经被咆哮的山洪冲得无影无踪了。

（1）重点指导理解词语"咆哮"和"无影无踪"。

"咆哮"一词：指导观察字形，从而理解字义——引导联系前文，理解它在文中的含义——说说它还可以用在什么地方。

"无影无踪"一词：引导理解"影""踪"的意思——再理解"无影""无踪"的意思——联系前文，理解它所指。

（2）总结、板书方法：①观察字形，理解字义；②联系上下文、生活实际。

（3）拆分组词法。

（4）朗读句子。

设计意图：词语是文本构建的基本单位，是字、句、段、篇教学的纽带。薛法根老师认为，词语只有在具体的语言环境中，在具体的故事情节中才具有丰富而恰当的含义。因此引领学生在课文描述的情节和细节中，关注那些"含义丰富、含情脉脉"的词句，使他们既获得对文本的深入理解，又获得对语言的准确感受。如此，学生的语文学习才具有语文的"滋味"。

2）曾经如诗如画的小山村，到最后却无影无踪了，这是什么原因呢？课文是怎么描写村民们滥砍滥伐、破坏环境的呢？引导学习第2、3段。

（1）小组交流学案作业。

（2）集体分享，重点点拨。

①"谁家想盖房，谁家想造犁，就拎起斧头到山上去，把树木一棵一棵砍倒，运下来。"

A.学生谈感受。引导学生抓住"谁家、一棵一棵、拎"这些重点词体会到了村民们砍伐的随意性和砍伐的数量之多。

B.再次点拨：这种抓重点词的方法更能帮助我们体会句子所表达的情感。

C.指导感情朗读：生读——师生共评——生再读——师生点评——师范读——自由练读。

②"一年年，一代代，山上的树木不断减少，裸露的土地不断扩大……"

A.学生谈体会。引导学生抓"一年年""一代代"、两个"不断"体会砍伐时间长和不间断。

B.引导理解"裸露"的意思。再想一想这些土地的衣服是什么？

师：树木和植被就是土地的衣服，它们可以保护土地。因为植物的根可以紧紧地抓住土壤，下大雨时这些土壤可以吸收部分的水分，这样就可以减缓水流的速度，减少水土流失，防止洪水。

C.指导有感情朗读。分男女生赛读——师生共评——齐读。

D.体会省略号的用法：先引导学生关注句中两个"不断"所指，从而领悟省略号表示这种滥砍滥伐现象一直在持续。

③"树木变成了一栋栋大大小小的房子，变成了各式各样的工具，还有大量的树木随着烟囱冒出的浓烟，消失在天空中了。"

A.学生谈体会。引导学生抓"大大小小、各式各样、大量"等词体会痛心、惋惜之情。

B.指导感情朗读：生读——师生点评——生读——师范读——女生齐读——男生齐读

3）品读第4、5段。

课件出示：

不管怎样，靠着锋利的斧头，村子里家家户户的日子过得都还不错。

A.读一读这两句话，你想提出什么问题？（预设：为什么课文里说"还不错"？）

B.出示第4、5段：请同学们小声读读这两段话，再联系上下文，说说你从"然而"中体会到什么？

C.小结："然而"这词是转折的意思，就是告诉我们斧头带给小山村的不是幸福，而是灾难，村民们的日子过得并不是真的不错，所以作者说过得都"还"不错。作者用词真是准确啊！

D.指导感情朗读。

设计意图：引导学生通过对比，体会作者用词的准确性、严谨性，不但能更好地体会作者表达的情感，更是为以后的语言文字学习、运用做好铺垫。

4）学习课文最后一个自然段。

师导：要什么就有什么，想什么就拎起斧头到山上把树木一棵一棵砍下来。人们以为这样的日子就是幸福的日子，以为这样幸福的日子会长久下去，然而，滥砍滥伐带来的却是不可挽回的灾难，所以直到最后，他们——（多媒体出示课文最后一段）生自由读。

（1）感悟"什么都没有了"：他们曾经有过什么？引导学生结合课文第1、3自然段补充说话：现在没有了（　　），没有了（　　），没有了（　　），没有了（　　）……

（2）看到这一切都没有了，此时，作者的心情是多么的悲痛啊！（师生配乐齐读）

（3）心灵对话：这就是这个小山村的故事，多么悲惨的结局，多么惨痛的教训，多么发人深省啊！同学们，此时此刻，你想对小山村的人们说些什么呢？

（4）引导推敲：课文主要写人们滥砍滥伐，最后导致恶果，告诉我们要学会保护环境，那课文第一自然段写小山村美的内容能不能去掉呢？——利用板书引导发现：作者开头写小山村的美，结尾写小山村什么都没有了，形成了鲜明的对比。作者就是通过对比的手法告诉我们破坏环境所带来的后果是多么严重。

设计意图：作为三年级教学，除了引导学生关注句、段结构外，也需通过分析、揣摩、探究式学习等形式，逐步渗透、感悟文章的篇章结构。

（二）联系实际，拓展延伸

（1）我们身边也存在着破坏环境的社会现象，一些简短有力的标语能够起到很好的警示作用，现在就请你当当环保宣传小卫士，设计一条保护环境的宣传标语提醒人们。

（2）展示、评议。

设计意图：本环节是这节课的创新点，着力培养学生的创造性思维和创新意识，让学生感受标语的魅力，树立环保意识。

（三）总结反思

（1）谈收获：引导学生结合板书谈学习收获。

（2）小结：人们用锋利的斧头，亲手毁了自己曾经美丽的家园，多么令人心痛。不爱护自然，我们人类必将受到大自然的惩罚，为了让鸟儿飞得更自由，让鱼儿游得更欢快，让花儿绽放得更迷人，让我们从现在开始行动！

设计意图：引导学生对自己在本节课上的表现进行自我评价、自我总结，旨在让学生走得更好、更远。

（四）布置作业

同学们跟着家长去周边走走看看，然后就如何做好蕉岭的环境保护，提提你的建议。

设计意图：通过这节课的学习，希望学生在课堂上所学到的知识能运用到生活实际中，为家乡的环保贡献自己的一分力量。

（五）板书

一个小山村的故事

美丽	总——分	观察字形 理解字义
滥砍滥伐	拟人	联系上下文、生活实际
没有了保护环境	对比	拆分组词法
		抓住重点词

五、导师点评

（1）课堂设计体现了课程标准的要求，注重对学生的人文教育和语文素养的培养，突破了学生的主体性，设计了科学的教学流程，呈三大板块：整体感悟，研读与赏析，体验与反思。

（2）重视结果，省略过程，是语文课的大忌。一切事物的结果往往是简单明了的，过程才是复杂漫长的。诸多的东西都隐藏在过程中。让学生找出重点句子，师生逐句逐句剖析，感悟反复朗读，这些环节就是让学生体验读书的过程。侧重于对学生环保意识的培养，也充分让学生感悟到了毁树林就是毁家园，环境保护与人类息息相关。充分体现文本的内容。

（3）将课堂所学延伸到生活实际中，体现了学习课文的目的是为了到达最高层次应用，从而达到人文教育的目的，引起学生对环境保护的关注与思考，珍爱环境，让生活更有意义。最后让学生学习运用形象，生动，具体的描写，让读写有机结合，让学生更好地领会生命的意义，起到升华的功效。

（4）课文的人文性很强，工具性偏弱，课堂容量还可以再增多一点。

"搭石"教学设计

（人教版四年级上册）

■ 中山市实验小学 卢小娟

一、设计理念

《义务教育语文课程标准》明确指出："学生是语文学习的主人，教师只是学生学习活动的组织者和引导者。因此在语文教学中，我们应培养学生发现问题、提出问题和解答问题的能力，使学生真正由知识的被动接受者变为主动的探索者。"学生感悟文本的过程，是一个"呈于象、感于目、会于心"的过程。因此，本课的设计努力运用边读边想象画面、联系上下文、创设情境、联系生活体验等方法，引导学生"在理解、品味语言中，受到人文关照；在学习、运用语言中，得到人文精神的滋养"，实现"工具性与人文性的有机统一"。

二、学案

《搭石》预学单

（1）我已经朗读了（　　）遍课文，标好了自然段序号。

（2）我能给生字注音，并且组一个词。

洪（　　）（　　）　暴（　　）（　　）　猛（　　）（　　）
裤（　　）（　　）　惰（　　）（　　）　稳（　　）（　　）
俗（　　）（　　）　衡（　　）（　　）　序（　　）（　　）
伏（　　）（　　）　谴（　　）（　　）　协（　　）（　　）
绰（　　）（　　）

（3）课文通过描绘人们_____、_____等生活中的几个平凡情景，赞颂了_____。

（4）理解下列词语的意思，写在课本上。

汛期　谴责　俗语　协调　人影绰绰　理所当然

（5）什么是"搭石"？用"____"画出文中有关的语句。

（6）文中哪些地方让我们感受到"美"？画出有关的语句，用铅笔在课文空白处写写自己的体会。

（7）我有不明白的问题要和老师或同学探讨一下。

_____

_____

三、学习目标

（1）认识7个生字，会写11个生字。
（2）正确、流利、有感情地朗读课文。
（3）运用边读边想象画面、联系上下文、创设情境、联系生活体验等方法，理解"协调有序"等重点词句，体会搭石蕴含的美，感受乡亲们的美好情感，并从中受到感染、熏陶。

四、教学实施

（一）学习过程

1. 情境导入，揭示课题

（出示情境图）同学们看——（潺潺流水声）这个小山村是作家刘章爷爷的家乡，他的家乡是个美丽的地方。（轻音乐起）那里有连绵起伏的山峦，有郁郁葱葱的树木，还有一条清澈见底、潺潺而流的小溪。但作者每每忆起家乡，觉得最美的还是家乡的搭石。这节课,就让我们一起去感受那平凡而美丽的搭石。请齐读课题。

设计意图：课件显示的优美的山村风景画，悠扬、柔美的音乐，为学生创设了一个既可感又可观的情境，一下就把学生的视觉、听觉锁住，使他们仿佛置身其中，能有效地激发学生学习探究的兴趣。

2. 检查"预学"，初识"搭石"

（1）师：通过读课文，知道什么是搭石吗？赶快翻开课本103页，把有关的段落读出来。

（出示文段：进入秋天，天气变凉，家乡的人们会根据水的深浅，从河的两岸找来一些平整方正的石头，按照二尺左右的间隔，在小溪里横着摆上一排，让人们从上面踏过，这就是搭石）

（2）师：也就是说，秋天天气变凉后，如果小溪里没有搭石，人们出工就必须——（生：脱鞋挽裤）；人们收工就必须——（生：脱鞋挽裤）；人们赶集就必须——（生：脱鞋挽裤）；人们访友就必须——（生：脱鞋挽裤）。

（3）一次又一次的脱鞋挽裤啊，你体会到了什么？（不便、麻烦、很冷、着凉……）

（4）可见搭石在进入秋天后，对于家乡的人们来说，是多么重要啊！了解了这些，我们再来读读第一自然段。

（5）检查生字词语的读音。

（6）在小组内合作尝试解决"预学单"中提出的问题。不能解决的，由小组长记录下来。

（7）汇报在小组内不能解决的问题。（注：老师上课前已了解学生的"预学单"中的问题，做好了相关的课件，待学生回答时随机点击）

（8）提炼"主问题"：这么多问题，我们主要解决了哪个问题，其他问题就可以迎刃而解？（生答。出示"主问题"：为什么说"搭石，构成了家乡的一道风景"？）

设计意图：初识"搭石"的作用，为下面进一步体会搭石的精神作好铺垫。"检查预学"，初步借助小组合作的力量解决学生在"预学"中遇到的问题，并且将难以解决的问题提炼为"为什么说'搭石，构成了家乡的一道风景'"这个主问题，为下面小组的"共学探究"提供一个涵盖全篇的讨论话题。

3. 共学探究，品味寻"美"

（1）默读2~4自然段，用"＿＿＿"画出人们走搭石的情景的语句，说说你从哪里体会到画面美。（生静静地默读、圈划）

（2）学生在小组内交流以上问题。

（3）小组代表汇报找到的写人们走搭石的情景的语句。

句段A：每当上工、下工，一行人走搭石的时候，动作是那么协调有序！前面的抬起脚来，后面的紧跟上去，踏踏的声音，像轻快的音乐；清波漾漾，人影绰绰，给人画一般的美感。

句段B：如果有两个人面对面同时走到溪边，总会在第一块搭石前止步，招手示意，让对方先走，等对方过了河，俩人再说上几句家常话，才相背而行。假如遇上老人来走搭石，年轻人总要伏下身子背老人过去，人们把这看成理所当然的事。

（4）（出示句段A）自由读这个句子。你从哪里体会到画面美？

预设：（1）生：我从"大家的动作协调有序"体会到画面美。（板书：协调有序）

①什么是"协调有序"？课文是怎样写大家的动作协调有序的？（前面的抬起脚来，后面的紧跟上去，踏踏的声音，像轻快的音乐。）

②师引读：每当上工、下工，一行人走搭石的时候，动作是那么协调有序！前面的——（生：抬起脚来）后面的——（生：紧跟上去）；（师语速渐快）前面的——（抬起脚来），后面的——（生：紧跟上去）；（师速度更快）前面的——（生：抬起脚来），后面的——（生：紧跟上去）；踏踏的声音，像——（生齐：轻快的音乐）

③这样的动作就叫作——（生：协调有序）

（5）（出示句段A）你们还从这句话的哪儿体会到画面的美呢？

预设（2）：生：我从"清波漾漾，人影绰绰"体会到画面的美。

①理解"人影绰绰"。透过"清波漾漾，人影绰绰"这两个词语，你好像看到了怎样的画面？（生谈）

②指导读好句段A。

（6）小结：这一行人在搭石上走出了音乐美、画面美，怪不得作者说"搭石，构成了家乡的——"（生：家乡的一道风景）。

设计意图：通过理解重点词语，深入体悟文本的内容，是中年段阅读教学的另一个策略。本环节的设计通过理解"协调有序""清波漾漾"等词语，引导学生想象画面美，使文本内容变得立体、可视化。

（7）如果有两个人面对面地走搭石，又是怎样的情景呢？谁来读读这个句子。（生：如果有两个人面对面……才相背而行）

（8）你看到了一幅怎样的画面？（板书：相互谦让）

（9）读好"如果有两个人……"这句话。

（10）那么年轻人和老人来走搭石，又是怎样的情景呢？（出示"假如遇上老人来走搭石，年轻人总要伏下身子背老人过去，人们把这看成理所当然的事"这句话。齐读）

（11）哪个词语打动了你？（"理所当然""伏"）

（12）师生共同扮演走搭石的老人和年轻人。
（13）年轻人，到了对岸，你需要老人向你道谢吗？为什么？（生：不需要）
（14）是呀，我想，这位老人在年轻的时候，他一定也曾经——（生齐：伏下身子背老人过去）因为——（生：人们把这看成理所当然的事）
（15）当这位年轻人老了的时候，也一定会有——（生：年轻人伏下身子背他）因为——（生：人们把这看成是理所当然的事）
（16）透过这个句子，你看出了什么？（板书：敬老爱老）
（17）师：家乡人们相互谦让、一代又一代人敬老爱老的精神，也是（指板书）——（生：家乡的一道风景）

设计意图：通过朗读、创设情境体验的方式，让学生体会乡亲们的"谦让美""敬老美"，不露痕迹地理解文本的人文内涵。

（18）读课文的3、4自然段，再次去感受走搭石的美。

4.总结全课，延学拓展
（1）（指板书：搭石，构成了家乡的一道风景……）这道风景的美还有待我们继续去发现，去欣赏。课后，你还想了解什么？（生谈）
（2）出示"生活中不缺少美，而是缺少发现美的眼睛。只要我们用心去感受生活，就会发现美就蕴藏在我们身边每一件平凡的事物中。"齐读。

设计意图："延学拓展"，引导学生将目光从课内投向生活，善于发现生活中的平凡美。

（二）板书

搭石

家乡的一道风景 { 协调有序
相互谦让
敬老爱老

五、导师点评

《搭石》一课的教学设计，在符合教学规律和教案基本规范的前提下，有创新、有特色、有个性。具体体现出以下特点：

（一）体现了工具性与人文性的和谐统一

工具性与人文性的统一，是语文课程的基本特点。阅读教学就是要凭借文本的语言，着重培养学生感受语言、理解语言、积累语言、运用语言的能力，同时让学生受到情感的熏陶、思想的启迪，享受审美乐趣，丰富精神世界，学会如何做人。《搭石》的教学设计抓住"搭石，构成了家乡的一道风景"这一中心句，围绕"一行人走搭石""两个人面对面走搭石""背老人走搭石"这三部分文字，通过引导学生品读、创设情境等方式，使文本内容变得立体、可视化，在体味、积累语言的同时，体会到了景美、人美、情美，有效地实现了语文工具性与人文性的和谐统一。

（二）体现了扎扎实实的训练意识

（1）情境解词，体会词语内蕴。"能联系上下文，理解词句的意思，体会课文中关键词句表达情意的作用"是《义务教育语文课程标准（2011年版）》第二学段阅读教学目标之一。阅读教学要扣词扣句，聚焦语言才能让学生习得语言。《搭石》一课对词语的教学，不做枯燥抽象的分析，而是在品读文本的过程中，把它们置于具体的语境中理解。如，教学课文第三段时，巧妙地把这段话变成朗朗上口的诗句，配上轻柔的音乐，让学生反复吟诵，从而感受"一行人"走搭石的情景，感受"前面的抬起脚来，后面的紧跟上去"那样的"协调有序"，感受"踏踏的声音""绰绰的人影"。学生通过品读、感受，在头脑中就形成了一幅"一行人走搭石"是那么协调有序的优美画面，重点词语"协调有序""人影绰绰"及句子意思的理解就水到渠成了。

（2）化"话"为"画"，感受美好情感。"边读边想象，把描述的内容在头脑中形成画面"是一种重要的阅读能力，这个"读进去，想出来"的过程没有走马观花，而是教师引导与学生自主体验、想象相结合，学生有了这样的历练，自然地感受到美好情感的熏陶。

（三）体现了简简单单教语文的思想

本课教学以"预学质疑—共学探究—延学拓展"作为基本模式，不但培养了学生质疑问难的意识，而且教学板块简单清晰。堂上先呈现学生预学时提出的问题，师生一起对提出的问题进行梳理，提炼出"牵一发而动全身"的主问题——"为什么搭石'构成了家乡的一道风景'？"共学探究"环节以探究主问题为主线展开。围绕文本层层深入，去发现、去体会协调有序的音乐美、画面美，谦让敬老的人情美，深化对"一道风景"的理解。

"虎口藏宝"教学设计
（语文出版社版五年级下册）

■ 佛山市顺德区大良实验小学　高　飞

一、设计理念

站在儿童的立场，以指导学为中心，努力贯彻"简简单单地教，扎扎实实地学"，构建"简约而丰盈，朴实而温趣，扎实而灵动"的语文课堂。

二、教学目标

（1）默读概述故事，体会紧张情节。
（2）朗读人物描写，领悟描写方法。
（3）补白仿写运用，再现人物形象。

三、学案

《虎口藏宝》导学设计

板块一：正确地书写

出示填空，请学生根据拼音写生字。（添入方格）

piē	cí	zuó	kuàng
（　）见	陶（　）	（　）磨	眼（　）

zhē	jiāo	mò	dǎi	tú
（　）掩	（　）卷	（　）生	（　）	（　）

板块二：细致地默读

（1）用简要的词句概括以"胶卷"为主线的系列事件及相关人物。

发现胶卷→（　）胶卷→（　）胶卷→（　）胶卷→夸奖聪明
纳塔莉　　（　）　　　（　）　　　（　）　　　（　）

（2）请用简短话语概括文章的主要内容。

这篇小小说主要写了小姑娘纳塔莉＿＿＿。

板块三：传神地朗读

请从文章中找出描写主人公纳塔莉的语段，细细品读。练习后用以下的形式汇报朗读：

（1）大家好，我是＿＿＿＿＿＿＿（姓名）。
（2）我朗读的内容节选自美国作家莉迪亚·格拉博斯基的小说《虎口藏宝》第＿＿＿＿＿自然段。这一部分通过＿＿＿＿＿＿＿＿描写，呈现了纳塔莉＿＿＿＿＿＿＿＿＿的人物形象。

（3）下面开始我的朗读：……

板块四：潜心地创作

补白仿写，再现纳塔莉或威廉叔叔当时的内心世界。（选择你最感兴趣的一处描写）

（1）纳塔莉竭力让目光避开照相机，视线慢慢移到了写字台。不料，写字台上正放着威廉叔叔的信，一眼就可以看到。她顿时感到一阵头晕。_____

_____。

（2）"纳塔莉，你父母呢？"威廉叔叔看上去既疲惫不堪，又忧心忡忡。_____

_____。

板块五：静静地通览

（1）通览全篇，学了这篇小说你有什么收获？
（2）阅读这篇文章，你现在还有什么困惑？
（3）思辨：文章最后一段能否删除，为什么？

四、教学实施

板块一：正确地书写

1. 出示填空，请学生根据拼音写生字

piē	cí	zuó	kuàng
（　）见	陶（　）	（　）磨	眼（　）
zhē	jiāo	mò	dǎi	tú
（　）掩	（　）卷	（　）生	（　）（　）

2. 检查学生书写，重点指导"瓷""琢"的书写

提示："瓷"字同学们最容易写歪了。请注意，上面的"次"撇捺要舒展，下面的"瓦"的第三笔"横折弯钩"也要写舒展，稍大一些，与上面"次"的最后一笔同宽，这样"瓷"就会端正美观。

"琢"，左边的"王"字旁最后一笔是"提"，第十笔"点"只能写在第八笔的一撇上。

设计意图：《新课程标准2011版》"写字的评价，要考查学生对要求"会写"的字的掌握情况，重视书写的正确、端正、整洁，在此基础上逐步要求书写流利。通过此项练习，一是检查学生生词掌握情况，二是通过评价，指导学生端正地书写，养成良好的书写习惯。

板块二：细致地默读

1. 默读课文，讲述故事过程

（1）用简要的词句概括以"胶卷"为主线的系列事件。

发现胶卷/（搜查）胶卷/（藏起）胶卷/（抢走调了包的胶卷）/夸奖聪明。

学生学习活动：①学生按照第一课时的学习，填写好故事情节图。

②再添加上系列事件的主人公：

"虎口藏宝"教学设计

<u>发现胶卷</u>/（搜查）胶卷/（藏起）胶卷/（抢走调了包的胶卷）/<u>夸奖聪明</u>。
纳塔莉　　　歹徒　　　　纳塔莉　　　　歹徒　　威廉叔叔
（2）依照概括的系列事件，复述故事梗概，概括主要内容。
①出示：故事梗概：这篇小小说主要以宝物——胶卷为线索，以此写了纳塔莉 _____；陌生人 _____；纳塔莉 _____；歹徒 _____；威廉叔叔 _____。
（故事梗概：这篇小小说主要以宝物——胶卷为线索，以此写了纳塔莉<u>发现胶卷</u>；陌生人<u>搜查胶卷</u>；纳塔莉<u>藏起胶卷</u>；歹徒<u>抢走被调包的胶卷</u>；威廉叔叔<u>夸奖纳塔莉是个聪明的孩子</u>。）
小结：同学们，这就是小说最重要的要素"故事情节"（板书：故事情节），所以，我们读小说，就像是在看故事，但又远比故事扣人心弦。孩子们，谁能用一句话说出文章的主要内容呢？
②主要内容：这篇小小说主要写了小姑娘纳塔莉 _____。
（主要内容：这篇小小说主要写了<u>小姑娘纳塔莉在十分危急的情况下，机敏地将陶瓷虎口里藏的宝物——胶卷进行调包，躲过了歹徒的搜查，保护了胶卷</u>。
再次缩减：这篇小小说主要写了小姑娘纳塔莉机敏地将陶瓷虎口里藏的胶卷进行调包，躲过了歹徒的搜查，保护了胶卷。）
③比较区别：
比较概括故事梗概和概括主要内容的区别：概述故事梗概要说出系列主要事件，比较具体，而概括主要内容只要说出主人公"做了什么事""结果怎么样啦"就可以啦。
设计意图："各个学段的阅读教学都要重视默读""阅读教学应引导学生钻研文本，在主动积极的思维和情感活动中，加深理解和体验，有所感悟和思考""获得思想启迪"。本环节通过学生默读，完成小说"情节线"的梳理与提炼，强化学生对文本重点信息的梳理与把握，再通过概述"故事梗概"与"主要内容"的对比教学，提高学生的概括能力。

板块三：传神地朗读
1. 导语引出主人公——纳塔莉
导入：同学们，让我们回到文本本身，这篇小说中出现了几个人物？选择你最想说的一位，说说她（他）给你留下的感受。（随机板书：纳塔莉）
（若学生说了其他人物，追问：文章的主人公、"主角"是哪一位？）
（纳塔莉：善于发现、善于思考、聪明、机智、机敏、勇敢。）
师小结：对了，同学们，这就是小说要塑造的人物形象：纳塔莉。（板书：人物形象）因为文章对她的描写太多了，最突出的是什么描写？（板书：动作、心理活动），这篇小说就是通过这些传神的描写，推动故事情节的发展，让我们一下子就记住了她。
2. 传神地朗读（出示《朗读者》封面）
（1）出示朗读温馨提示。
师：近期，央视董卿主持的《朗读者》栏目备受观众们的喜爱。我不但喜欢《朗读者》朗读的内容，更欣赏这种推动"全民朗读"的朗读形式。我们今天也做一期《朗读者》节目，朗读的内容由大家自己去选择本篇小说中对纳塔莉描写的片段，参与朗读的是在座的各位同学。看过《朗读者》节目的孩子请举手（预设：生纷纷举手）那太好了，

《朗读者》节目中朗读者为什么能如此打动人心？

（预设：读得好，有感情等。是读者深入理解了这段文字透露出的情感，是文字触动了读者的心，再加上走进节目前反复地朗读，熟读成诵，才有这样感人的效果。）

师：先看老师的温馨提示，在你做朗读之前作简单的自我介绍，说出你选的语段是第几自然段，是运用了什么描写，再说出自己从选择的语段中对纳塔莉人物形象的理解与认识，最后传神地朗读。

出示：

温馨提示：请朗读者按以下方式作简要陈述后再朗读。

大家好，我是_____（姓名）

我朗读的内容节选自美国作家莉迪亚·格拉博斯基的小说《虎口藏宝》第_____自然段。这一部分通过_____描写，呈现了纳塔莉_____人物形象。

下面开始我的朗读：

……

（2）学生作朗读者准备：自主练习说与读，教师随机指导。

（3）提名朗读，师生评价指导。

（4）集体朗读描写心理活动的句子。

师：有人说，没有心理活动描写就没有小说。这话一点也不过。因为心理活动描写是刻画人物形象最直接、最具效果的手段之一。刚才大家所朗读的全是描写纳塔莉的动作与心理活动的。我们现在再来朗读描写纳塔莉心理活动的句子。（分小组朗读）

……

"胶卷算什么宝物呢？"纳塔莉想，"难道威廉叔叔是在同我开玩笑吗？他为什么又要让我再把它藏起来呢？"

……

胶卷！纳塔莉有点儿心虚地在口袋里摸摸。"原来他们是要找这玩意儿！为什么呀？他们肯定不是好人。我得把胶卷赶快藏起来！"

……

还是藏在那只陶瓷虎里最保险，对，应该把胶卷放回那儿！

小结：同学们，这些语言就是心理活动描写，有时我们把它们称作是心灵独白，就是自己跟自己说话，这样最能凸显一个人的人物形象和精神品质。下面我们也来学着这种自己跟自己说话的方式，潜心地创作。

设计意图：通过传神的朗读，培养提高学生的语感，并加深对人物形象的理解。通过朗读作为铺垫进入"应用性"说话的训练，提高学生的口语表达能力。

板块四：潜心地创作

1. 补白仿写，再现纳塔莉和威廉叔叔当时的内心世界

（1）再现纳塔莉换胶卷前和高个子发现威廉叔叔信时候的内心世界。

师：同学们，我们重返课文22、23自然段（课件出示，在"眼睛不禁一亮"和"感到一阵头晕"的句子上加上大大的问号），纳塔莉为什么"眼睛不禁一亮"？此时她的内心活动是怎样的？当写字台上威廉叔叔的信没有及时收拾起来，而此时高个子已撞开房门，她的内心又有怎样细腻的变化？大家能还原纳塔莉当时的内心活动吗？

（2）还原威廉叔叔"忧心忡忡"的内心世界。

师：请大家看第10自然段。出示第10自然段。

"纳塔莉，你父母呢？"威廉叔叔看上去既疲惫不堪，又忧心忡忡。

联系上下文内容，此时此刻，威廉叔叔会担忧些什么呢？请同学们自选一处，学着本文自己跟自己说话的内心独白的写法，描写出当时他们的心理活动。

2. 写好后评价，再做"朗读者"，师生评议

设计意图：仿写补白，还原人物的内心世界后再做"朗读者"，这样从"朗读到品悟，从仿写到朗读，实现了"读－悟－写－读"的两个轮回。第二次朗读自己创作的文字时，提升学生的语言实践能力。

板块五：静静地通览

（1）通览全篇，谈谈你的收获。

文本内容上：故事情节的设计、人物形象的品质。

表达方式上：运用心理活动和动作描写来塑造一个鲜明的纳塔莉的人物形象。

（2）思辨引导：最后一段能否删除，为什么？

文章主要是通过动作和心理活动描写，塑造了纳塔莉一个机敏、聪明、勇敢的少年形象。但结尾并没有凸显或深化纳塔莉的人物形象，似乎删除了文章依然是完整的。大家觉得留还是不留？发表自己的看法。

设计意图：学完全文后，让学生再次通览全文，引导学生从小说的情节设计、人物形象的塑造等方面透过文本内容来关注文本的表达方式，把学生的思维从语言文字引向深处。在文章结尾增加一个思辨题，拓展学生思维，通过结尾是否可以删除这样一个问题，激发学生，引导学生跳出文本看文本，提升学生的文学鉴赏能力。

五、板书

虎口藏宝

描　写
人物形象 ——————→ 故事情节
推　动

设计意图：让学生对小说文体的要素"人物形象"和"故事情节"有更加清晰地印记，同时也在强化小说重要的表达方式：通过细致的描写，推动故事情节的发展。

六、导师点评

（一）搭建支架，让故事情节可视化

高年级的学生在阅读叙事性作品时，要了解事件梗概。这篇课文故事性较强，但篇幅长，给学生的概述增加了难度。

高老师在"讲述故事过程"这一环节，为学生搭建两次支架：以"发现胶卷"为例，引导学生运用"搜查""藏起""抢走"三个动词概括了以"胶卷"为主线的系列事

件；妙的是在动词下方对应相应的人物。简单的图表支架，将整个故事情节可视化，有力地支撑起"概述"这一学习过程；学生基于图表支架的情节概述，又是用一句话概括主要内容的支架。

两次学习支架的搭建，简约而不简单，学生的认知发展从实际水平提升到潜在水平，实现了概括能力的培养。

（二）版块推进，让人物形象特色化

通过描绘人物的心理活动和动作，来表现人物的性格特点，是本文在写作上的一个特色。

教学中，高老师摒弃繁琐的讲解，运用版块推进的方式，通过创设"朗读者"这一情境，让学生在"传神地朗读"中深刻地体会作者运用心理描写或动作描写，刻画了纳塔莉机智、勇敢的形象。

"潜心地创作"这一版块又将"传神地朗读"中悟到的人物塑造方法运用在补白仿写中，两个版块层层递进，实现了"读—悟—写"的转化，从而让学生在阅读中，领悟作者是怎样通过对人物的心理活动和动作的刻画来表现人物特点。

（三）转变方式，让批判阅读安全化

阅读教学确实要来一场实实在在的变革。纵观本节课设计，高老师在实施版块教学的同时，彻底把语文课从"教"为中心转移到"学"为中心。这节课高老师始终贯彻落实"学为中心"的教学策略，让学生真正成为学习的主人。最难能可贵的是在本节课的结束部分，老师充分利用教材，挖掘教材的特有的表达方式，设计了如下问题：

"最后一段能否删除，为什么？"

这一问，打破了学生惯性思维，却也给学生批判性思维极为安全的环境。批判性阅读，是一种阅读姿态，它强调理智的思考与真诚的表达。要培养这种姿态，教师需要开放的眼光、平和的心态、更需要给予学生安全的思维环境。

"太阳"教学设计

（人教版三年级下册）

■ 广东省河源市源城区雅居乐小学　余美珍

一、教学目标

（1）有感情地朗读课文，学会抓关键词朗读的方法。

（2）了解列数字、举例子、作比较等说明方法及采用说明方法的好处，初步了解写说明文的一些方法。

（3）了解太阳的有关知识，初步认识太阳与人类的密切关系，激发对自然科学的兴趣。

二、教学重点、难点

体会课文怎样运用举例子和列数字等方法来说明太阳的特点，初步了解写说明文的一些方法。

三、教具准备

（1）课件。

（2）有关太阳的影像资料。

四、教学过程

（一）创设情境迎太阳

1. 引入课题

教师简笔画太阳：同学们，他是谁啊？（太阳）太阳是宇宙中的一颗恒星，他已经有五十亿岁了，可以算得上是名副其实的老爷爷了，今天他走进了三（1）班的课堂，跟我们一起来学习，你们欢迎他吗？

2. 考察预习

太阳公公最喜欢爱学习的孩子，他要考考同学们预习的情况。

（1）学生齐读词语：

差不多　抵得上　摄氏度　庄稼　野兽　生存　繁殖　蔬菜　麻布　比较　杀菌　预防　凝成　治疗　估计　寸草不生

（2）指出易读错的词语：庄稼、凝成等，书写易错的生字：蔬

（3）做选择题：本文是一篇（　　）。　A 诗歌　　B 记叙文　　C 说明文

（4）了解常见的几种说明方法，齐读：列数字、举例子、作比较等。

3. 板书课题，齐读课题

同学们，看到你们写得这么认真，太阳公公可高兴了，他向你们发出了邀请函。出示邀请函：

邀请函

尊敬的人类朋友：

你们好！我是太阳公公，我已经在宇宙中孤独地生活了50亿年了，我太想有人类跟我聊天、交朋友了，所以热情邀请您到我家来做客，我将每天在家里恭候您的光临。

邀请人：太阳公公

2018年4月26日

同学们，太阳公公邀请我们去做客，你们接受太阳公公的邀请吗？（有学生接受也有学生拒绝）到底能不能到太阳公公家里去做客呢？你能找出充分的理由告诉太阳公公吗？让我们到课文中去寻找吧。

设计意图：说明文比较抽象、枯燥。因此，我以"太阳公公发邀请函"为主线，创设情境，把趣味性作为这堂课的立足点，一扫常识性课文的枯燥乏味，拉近学生和文本的距离，唤起学生探究的欲望。

（二）认识特点知太阳

1. 出示学习提纲

（1）读。自由大声朗读1—3自然段。

（2）找。找找太阳有哪些特点？用"——"划出具体说明这些特点的句子。

（3）说。跟同桌说说作者采用了什么说明方法来介绍太阳的特点？请批注在相应的句子旁。

2. 汇报品析

你发现太阳的什么特点不适宜人类前去做客呢？有多远？多大？多热？

（1）品读"远"。

①出示：太阳离我们有1.5亿公里远。到太阳上去，如果步行，日夜不停地走，差不多要走3500年；就算是坐飞机，也要飞二十几年。

②比一比哪个句子好，为什么？

A. 太阳离我们很远，非常远。

B. 太阳离我们有1.5亿公里远。到太阳上去，如果步行，日夜不停地走，差不多要走3500年；就算是坐飞机，也要飞二十几年。

第二句运用了什么说明方法呢？明确该句运用了列数字、举例子的方法。

是的，在说明某一事物的时候，列出一些具体的数字，可让我们更好地理解，但数字必须是精确的、有科学依据的。这就是列数字的方法。（板书：列数字）这段话除了列数字的方法外，还举了两个我们平时出行的例子，是哪两个？能让人们更形象地理解太阳到底有多远。这样的说明方法就是举例子。（板书：举例子）

③谁能读出太阳的"远"？教师范读，注意观察老师的朗读方法是怎样的？学习抓住关键词朗读的方法，如重读1.5亿、3500年、二十几年等词语。齐读。

太阳这么远，我们能去做客吗？

设计意图：这一环节通过对比句子，让学生了解到太阳和地球之间的距离远这一特点，并体会运用列数字、举例子等说明方法的好处。通过教师范读，体会抓关键词朗读是朗读的一种好方法，并尝试抓关键词读出太阳远的特点。

（2）太阳还有什么特点让我们没办法去做客？品读"热"。

①出示：太阳会发光，会发热，是个大火球。太阳温度很高，表面温度有5500摄氏度，就是钢铁碰到它，也会变成气。齐读。

②温度有多高？出示太阳火球图。同学们，我们这里夏天最热的时候不过30多度就觉得受不了了，太阳的表面温度是多少？5500摄氏度，对此你有什么感受？

③能把这种感觉读出来吗？这位同学把哪些词语读得特别好？指导抓住关键词读出太阳的"热"。

④你发现这段话运用了什么说明方法？板书：列数字、打比方、举例子（太阳会发光，会发热，是个大火球。这个句子用了什么修辞手法？这里它不叫比喻，叫打比方的说明方法。）

唉，太阳这么热，我们能去做客吗？

设计意图：这一环节通过出示火球图、联系生活经验，让学生体会到太阳热的特点，并体会运用列数字、举例子等说明方法的好处。引导通过抓关键词朗读体会太阳热的特点。

（3）品读"大"。

①出示：我们看太阳，觉得它并不大，实际上它大得很，130万个地球才能抵得上一个太阳。

②出示太阳和地球的对比图。（实物比较）老师现在把太阳给请出来（出示一个大球），假定这就是太阳。那么，我们的地球相对它有多大呢？（出示一个小钢珠），从这，你感受到什么？让我们一起感受太阳的大吧。读好"130万个地球""才""1个太阳"这些词。

③把太阳和地球进行比较，这也是一种说明事物的方法，知道是什么？（师板书：作比较）

④太阳那么大？为什么看上去只有盘子那么小呢？

⑤你能运用学过的说明方法把这个句子变具体吗？

弟弟是个大胖子。_____

⑥事实上，除了这几种说明方法，还采用了一种说明方法。你能找到课文中关于太阳的一个传说吗？（出示传说幻灯片）事实上这个传说是真的吗？既然不是真的，为什么要引用传说呢？这样一写有什么好处呢？（兴趣更浓了）这种方法就叫——（板书：引用传说）

小结并过渡：同学们，听到你们不接受邀请，太阳公公难过了（把笑脸改成伤心），他觉得你们肯定很讨厌他，他决定要离开宇宙，从这个世界消失。你们同意吗？那就请你们继续找理由，告诉太阳公公。

设计意图：这一环节通过出示太阳和地球的对比图，让学生体会到太阳大的特点；引导学生学以致用，运用列数字或作比较的说明方法改写句子，并体会运用列数字、引用传说等说明方法的好处。为了继续激发学生学习课文的兴趣，教师通过把太阳的笑脸改成哭脸（简笔画），请学生从文中找出充分理由来安慰太阳。

3.了解太阳与我们的关系

（1）出示我会学。

①读。自由美美地读课文。

②找。找找太阳和我们有哪些密切的关系？用"＿＿＿"划出有关句子。

（2）汇报。教师板书。随机出示第4自然段齐读，出示雨、雪的形成图及风的形成图。

（3）从大家的汇报中我听出来了，我们和太阳的关系非常密切。其实，这也是太阳的作用。（板书：作用）

（4）同学们，现在你有什么话要对想离开我们的太阳公公说吗？你能运用"如果没有你，就没有……""有了你，才有……"的句式来说吗？（出示幻灯片，引导学生讲密切关系热爱太阳）

太阳公公听了我们的夸奖，他可高兴了（把哭脸画成笑脸），他说他要留在宇宙，继续为人类服务。

设计意图：这一环节通过读、划句子、观看雨、雪的形成图及风的形成图，让学生明白了太阳和人类的密切关系，通过引导学生用"如果没有你，就没有……""有了你，才有……"的句式来说话挽留太阳公公，培养学生的表达能力。

（三）激发情感颂太阳

（1）同学们，太阳发挥了这么大的作用，现在，让我们跟着音乐，把我们对太阳的爱表达出来吧！同学们读红色字体，老师读蓝色字体。（幻灯片配乐出示课文最后一个自然段）现在，老师读蓝色字体，请同学们读红色字体。

（2）这段话里，哪一句是全文的总结？

"一句话"在这里是什么意思？（幻灯片把"一句话"变色）用什么词语可以替换它？（总之、总而言之、总括起来说）

（3）这段话这么美，让我们试着背诵好不好？（幻灯片出示部分词句，引导背诵）

（4）总结写法：观察板书，你能发现写说明文的方法吗？

学生归纳后，齐读写说明文的三种方法：①抓住事物的特点和作用介绍。②按一定的顺序来介绍。③用上说明方法。

设计意图：这一环节通过师生配乐合作诵读，促进学生有感情地朗读课文；通过观察、总结说明文的写法，让学生初步认识说明文的特点，并学会写说明文的几种基本方法。

（四）拓展创造用太阳

（1）同学们，其实我们人类特别聪明，我们利用太阳的特点发明了很多产品，你们知道有什么吗？指名说后播放图片介绍。（出示幻灯片）

（2）同学们，太阳的贡献大吗？那他就没有缺点了吗？你有没有对太阳不满意的地方呢？指名说（学生说了夏天太阳太热、紫外线使皮肤变黑等）。其实聪明的科学家想了很多办法来改善这些情况，你知道他们用了什么办法吗？

小结：让我们学好知识、积极探索，将来使太阳发挥更大的作用。

设计意图：这一环节通过了解太阳能产品、谈太阳的不足，让学生明白人类的智慧能使太阳发挥更大的作用，激发学生勇于探索、积极创新的意识，对课文进行了延伸和拓展。

（五）作业

（1）背诵并默写最后一个自然段。

（2）阅读书籍《十万个为什么》。

五、板书

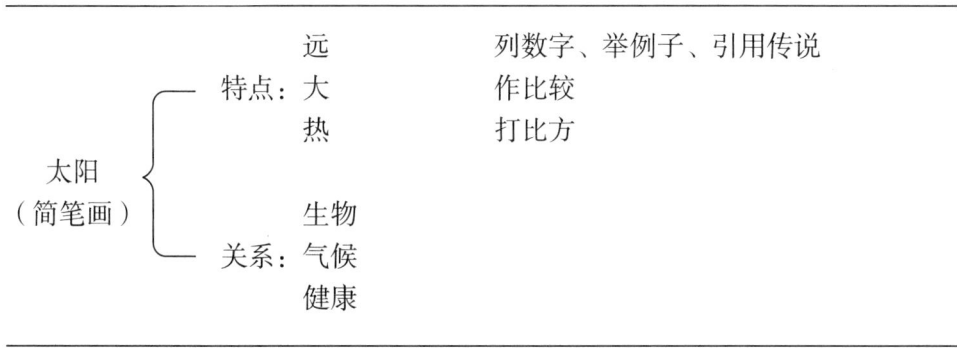

六、导师点评

《太阳》是篇说明文。主要介绍太阳的知识，说明太阳与人类的关系。

（1）课堂设计体现了新课改的要求，是按课程标准设计的，充分发挥学生的主动性，将自学、合作、探究的学习方式有效地融合在一起。

（2）创设情境，激发兴趣。说明文一般都有语言不够生动，通过列数字、打比方、举例说明事物的特点。余老师巧妙设计"邀请函"将学生带入文中，巧妙点拨，引导学生探究。师生逐字逐句剖析，反复朗读，触类旁通，激发学生的学习兴趣。

（3）将"发展学生的主体性"的理念贯穿在教学之中。教师与学生对话，引发意义的构建，学生与学生对话，分享个人体验。给学生足够的时间和文本充分地接触，有思考的时间和空间，把握重点，突破难点，将课题延伸到生活中，体现学习的目的。

（4）这篇课文是教会学生如何对某一事物进行说明的很好的例子。如果能引导学生进行仿写练习，将在阅读中学到的知识自然地迁移到"写"中去，达到"读写结合"的目的就更好了。

数学篇
SHU XUE PIAN

"生活中的负数——温度"教学设计

（北师大版四年级上册第七单元）

■ 深圳市蛇口育才教育集团育才三小 刘占双

一、教学目标

（1）结合温度的实例，探索零上温度和零下温度的表示方法，体验用带"+"或"-"的数表示零上温度与零下温度的必要性，理解用这样的数表示温度的实际意义。

（2）能正确读出温度计上显示的温度，会用负数表示零下温度，并能比较两个零下温度的大小。

（3）通过用温度计调拨温度的活动，体会零上温度、零度、零下温度在温度计上的位置与顺序关系，积累学生的活动经验。

二、教材分析

《生活中的负数》这部分内容分两课时编排：第一课时是温度，主要是结合现实情境从温度引入负数，让学生初步认识负数，初步能认、读、写负数。这部分内容仅仅是通过温度这一个情境去认识负数，比较温度的高低，并没有复杂的概念和计算，知识层次比较浅，但由于本节课学生初次接触负数，所以比较两个零下温度的高低会有困难。第二课时是负数的实际应用，引导学生应用正数和负数表示日常生活中具有相反意义的量，进一步体会负数的意义。

三、学情分析

这节课之前，学生对温度并不陌生，对正负数的感知也是比较丰富的，但他们的方法是建立在经验的基础上，带有一定的随意性，没有经过系统的整合和梳理。因此，这节课就是让学生重温体验温度的情境，从感性的感知上升到理性的认知，形成数学生活化与生活数学化之间的转化。这节课选择学生经常接触到的气温为素材，以温度为载体，帮助学生更好地体验两个相反意义量之间的关系。温度的变化是学生能体验到的事情，通过冷热之间差异的比较，有利于学生理解正负数的意义，帮助学生初步建立负数的概念并能正确认、读、写负数，会比较两个零下温度的高低。

四、教学重点

探索零下温度的表示方法，体验用负数表示零下温度的必要性。

五、教学难点

会比较两个零下温度的高低。

六、学具

多媒体课件、温度计模型。

七、教学过程

1. 创设情境，引入新课

师：同学们，有谁冬天去过东北？北方的冬天给你留下了怎样的印象？东北的冬天可以用"千里冰封，万里雪飘"来形容，而我们深圳的冬天却是"山花烂漫，五彩缤纷"，真是各美其美。（出示下图）

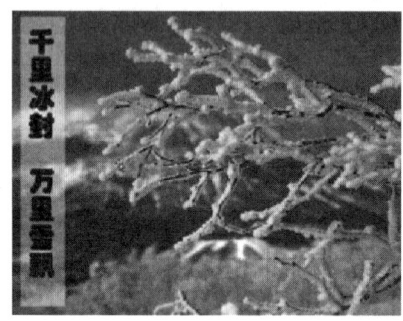 

师：请大家猜猜深圳今天有多少度？（学生猜测后，出示深圳今天的最高气温和最低气温：19～15 ℃）

师：刚才同学们猜的都很接近。此时此刻，我们上课的教室里有多少度？（学生猜测后，教师拿出温度计和学生一起测量室内温度，并记录在黑板上：温度23 ℃）

师：看，这是哪里？（出示北京天安门雪后场景）北京昨晚下了入冬以来的第一场雪，猜猜北京今天大约有多少度？

设计意图：新《课程标准》强调，数学来源于生活。小学生学习的数学应是生活中的数学，是学生"自己的数学"，数学知识只有来自于生活才会有灵性和活力。因此，我利用现实素材作为认识的背景，激发学生的学习兴趣，使学生感受到数学就在自己的身边，数学与现实世界密切联系。

2. 自主探索，感悟新知

（1）经历创造符号表示零上温度与零下温度的过程。

师：老师查阅了北京今天的温度，现在我来汇报，你们在作业纸上记录，可以用数字，也可以画图，还可以用符号来表示。准备好了吗？

师：北京今天的最高气温是零上 5 ℃，最低气温是零下 2 ℃。（学生用自己喜欢的方法做记录。并在小组内交流表示北京的最高气温和最低气温的方法，小组整理后全班汇报交流）

（2）体验数的扩充的必要性。

师：老师收集了几个同学的作品，我们来欣赏一下。

（展示学生的作品：①画图的方法；②文字描述的方法；③用符号表示的方法等）

师：同学们想出了这么多表示温度的方法，你比较喜欢哪一种？（学生说出喜欢的理由即可）

师：实际生活中，人们为了交流的需要，通常选用简单易记的方法，也就是用"你们自己发明的数"来表示零上温度和零下温度。

（3）介绍正号、负号名称，零上温度与零下温度的读写法。

师：零上 5 摄氏度，我们记作：+5 ℃，这个符号叫正号。零下 2 摄氏度，我们记作 −2 ℃，这个符号叫负号。（板书：+5 ℃　−2 ℃）

设计意图：温度是学生现实生活的一部分，让学生经历创造图形或符号表示"零上 5 ℃"和"零下 2 ℃"的过程，学生会有很多个性化的表示方法，通过收集与整理，把这些方法按照图画的、文字的、符号的顺序进行展示，帮助学生沟通个性化的表示方法与通用表示方法的联系，从中体会引入带"+""−"的数表示"零上""零下"两种相反意义的量的必要性和简洁性。

3. 巧设活动、理解新知

（1）读一读。

师：老师还记录了以下几个城市今天的最低气温，谁愿意来读一读？（屏幕先出示拉萨的温度）

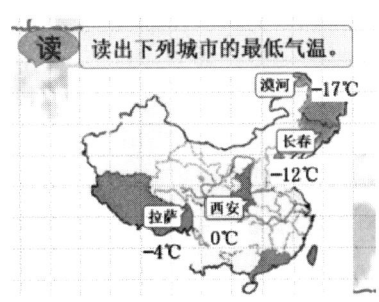

生 1：拉萨零下 4 摄氏度；

生 2：拉萨负 4 摄氏度；

师：两位同学的读法不一样，谁读的正确呢？

生：两种读法都对，我觉得读负 4 摄氏度更好些，因为我们今天学习的是生活中的负数。

（学生分别读出其他几个城市的最低气温。西安：零摄氏度；长春：负 12 摄氏度；漠河：负 17 摄氏度。）

设计意图：通过读这几个城市的最低气温，帮助学生进一步体验用带"+"或"−"的数表示零上温度与零下温度的必要性，同时，体会到符号方法的简洁性。

（2）认一认。

师：同学们，你们知道测量温度用什么工具吗？现在我们一起了解一下温度计。（利用微课介绍温度计，并读出几个零下温度）

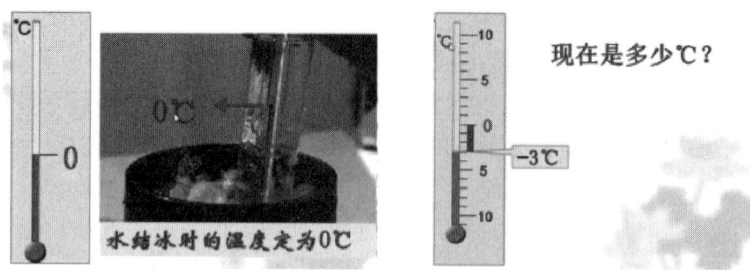

设计意图：利用微课介绍0℃及零上温度与零下温度的表示方法，使信息技术与课堂教学融为一体，发挥了现代教育技术优势，提高了教学效益，增强了学生获取信息的能力，大大激发了学生的求知欲和学习兴趣。温度计是数轴的现实模型（温度计相当于竖直摆放的数轴），通过温度计的介绍帮助学生理解零上温度、零摄氏度和零下温度之间的位置与顺序的关系，直观理解温度的实际意义，知道0℃的刻度是零上温度与零下温度的分界线，向上的方向标记的是"零上温度"，向下的方向标记的是"零下温度"。

（3）猜一猜。

师：同学们，我们玩一个猜温度的游戏。我只让你们看到温度计的一部分，大家猜猜看，这是多少度？（屏幕显示：图1）

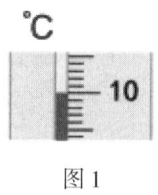

图1

生1：我认为这个温度是+10℃；
生2：我认为可能是–10℃；
生3：我认为可能是+10℃，也可能是–10℃，因为现在还不知道0℃在哪里。

师：那到底是+10℃，还是–10℃呢？我再给大家提供点信息。（出示图2）

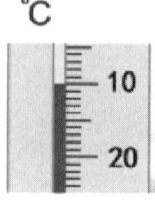

图2

生4：现在可以肯定这个温度是–10℃，因为20在10的下面，说明这两个温度都是零下温度。

师：大家听明白他的意思了吗？现在我们就揭开神秘的面纱。（出示图3）

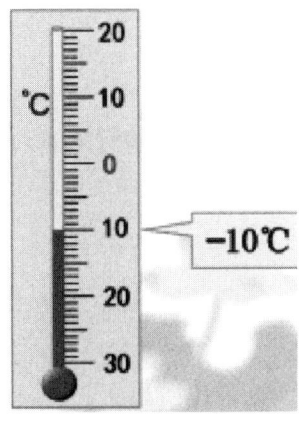

图3

设计意图：利用信息技术创设猜温度的游戏情境，激发了学生的学习兴趣，学生主动思考，大胆猜测，培养了学生的创新精神，极大地提高了课堂教学效率。通过游戏活动，学生体验找准 0 ℃位置的重要性。学生深刻体会到零上温度都在 0 ℃的上面，用含有"＋"的数表示，零下温度都在 0 ℃的下面，用含有"－"的数表示；越往上表示温度越高，越往下表示温度越低；学生在猜测中反思自己的思维活动，通过及时的反思和总结，把握数学知识的本质，有效地提升课堂教学的价值。

（4）拨一拨。

师：老师为每组同学发了一个温度计，现在请大家用温度计拨出下列城市的温度。（出示图4）

师：第一组同学拨拉萨的温度，第二组同学拨西安的温度，第三组同学拨长春的温度，第四组拨漠河的温度。

（学生利用温度计拨出四个城市的温度，同桌之间相互检查）

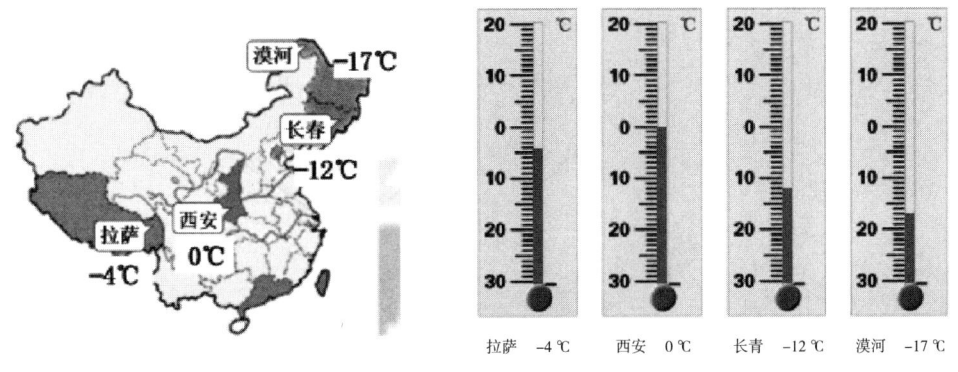

图4　　　　　　　　　　图5

师：请同学们把温度计放在桌面上，现在老师请四位同学到前面的电脑上拨一拨。（图5）（第一个学生拨出 -4 ℃后）

师：你是怎样找到 -4 ℃的？给我们介绍一下吧。

生1：我先找到0 ℃，再往下数4格就是-4 ℃。

生2：我先找到-5 ℃，再往上数1格就是-4 ℃。

设计意图：让学生在计算机上拨温度的活动，充分发挥信息技术形象直观的特点，学生根据温度计上红色水银柱的升降变化，体会零上温度、零度、零下温度在温度计上的位置与顺序关系。通过活动学生直接体验到零上温度与零下温度的差异，积累理解"一对意义相反的量"的活动经验。

（5）比一比。

师：同学们，这几个城市的温度按照从高到低的顺序排列，应该怎样排呢？

生1：我觉得最高是0 ℃，其次是-4 ℃，然后是-12 ℃，最低是-17 ℃；

生2：温度计上的红色液柱越高，说明温度就越高；红色液柱越低，说明温度就越低，所以，这几个城市的温度按照从高到低的顺序排列是：0 ℃＞-4 ℃＞-12 ℃＞-17 ℃。

师：同学们都表现得非常出色，奖励大家玩一个游戏。请大家听好规则：一会屏幕上会出现一个城市的温度，一名同学背向屏幕来猜，根据他的猜测，大家给他的提示是：高了或低了。谁先来？

（一名学生背向屏幕）

师：你要猜的是海口今天的温度。（屏幕出现海口26 ℃）

生1：20 ℃

全体学生：低了

生1：24 ℃

全体学生：低了

生1：26 ℃

全体学生：对了（全班响起掌声）

师：好玩吧，谁还想玩？

（屏幕依次出现：青岛、天津、沈阳、哈尔滨的温度，一个学生猜温度，全班学生用"高了或低了"对该生进行提示）

师：同学们，游戏就玩到这里吧。你们发现没有，在同一天中，我国不同地方的温度有什么特点？

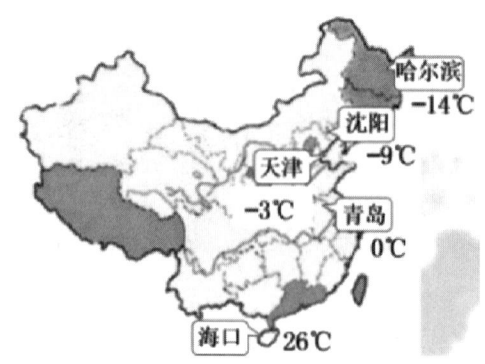

生：我发现越往南温度越高，越往北温度越低。

师：是呀，所以说北方的冬天是：千里冰封，万里雪飘，而南方的冬天却是：山花烂漫，五彩缤纷。

设计意图：通过猜温度的游戏，渗透负数的大小比较方法，打破思维习惯（正数范围内位数多的数就大），目的是积累理解负数意义的活动经验，并通过比较同一天中南北几个城市的气温，让学生了解气温与地理位置的关系，体现课程的综合性。

4. 全课总结，畅谈收获

师：同学们，通过今天的学习，你有哪些收获，还有哪些问题？

生：通过今天的学习，我知道比0℃高的温度用正数来表示，比0℃低的温度用负数来表示，0既不是正数也不是负数。（根据学生的回答，教师用计算机演示，如下图）

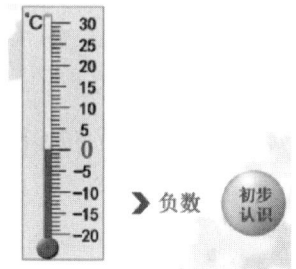

5. 课后作业

今天我们仅仅研究了温度中的正数和负数，只能算是对负数的初步认识。负数在生活中还有哪些应用呢，请同学们课后去搜集一下。

6. 板书

温度

+5 ℃　　　　　　　零上5 ℃
 0 ℃
-2 ℃　　　　　　　零下2 ℃
0 ℃＞-4 ℃＞-12 ℃＞-17 ℃

八、教学反思

反思整节课，主要有以下几个特点：

（1）让学生在现实有趣的情境中经历知识的产生。

本节课，我创设了"温度"这一生活情境，并贯穿一节课的始终。让学生经历创造图形或符号表示"零上5 ℃"和"零下2 ℃"的过程，意在培养学生创新意识和想象能力，学生在此过程中体验了解决问题的基本过程和方法，提高了解决问题的能力，感受符号化思想。由于"温度"的情境是现实的、有意义的，而且就在学生身边，极大地激发了学生的学习兴趣，并且为今后的探索、创新打下了良好的情感基础与知识基础。

（2）让学生在动手实践中感悟新知。

"活动是认识的基础，智慧从动手开始。"好动是小学生的天性，更何况现在面对的是四年级的小学生。在教学中，我设计了学生的动手实践活动，让每个学生在温度计上拨出四个城市的温度，学生在此过程中感悟到零上温度、零度、零下温度在温度计上的位置与顺序关系。学生在"做数学"的过程中，感受了学习数学的快乐，品尝了成功的喜悦，同时积累了活动经验。

（3）让学生在互动交流中深化新知。

本节课我为学生创设了一个宽松和谐的学习环境，学生有想法敢说，有问题敢问，学生真正成了课堂学习的主人。看着他们充分表达自己的想法，我感受到了学生的灵动思维，并深深体会到学习在课堂上真正发生了。

九、导师点评

刘老师执教的这节课，主要有以下几个特点：

（1）信息技术与数学教学有机整合。

现代教育技术的使用，大大激发了学生学习的积极性。从新课的引入到后面的拓展提升，信息技术的使用都贯穿于整个课堂。充分发挥了信息技术优势，使信息技术与课堂教学融为一体。从根本上改变了传统教学观念，提高了教学效益，增强了学生获取信息的能力，大大激发了学生对知识的求知欲和学习兴趣。如在认识温度计的环节，我利用微课介绍零摄氏度及零上温度与零下温度的表示方法，帮助学生直观理解零上温度、零摄氏度和零下温度之间的位置与顺序的关系；看温度计猜温度的游戏，把数学与信息技术有机整合，学生主动思考，大胆猜测，极大地提高了课堂教学效率，通过游戏活动学生体验了零摄氏度是正数和负数的分界点；比较两个零下温度的高低是本课的一个难点，为了突破这一难点，我创设了让学生在计算机上拨温度的活动，学生根据几个温度计上红色水银柱的高矮，很容易比较出两个零下温度的高低。

（2）从直观到抽象，教学设计符合学生的年龄特点。

在小学阶段，学生的思维是一个具体形象思维和抽象思维同时获得发展的时期。中高年级的学生虽然抽象逻辑思维获得较大的发展，但学生还不能完全依靠抽象的数学概念进行思考，往往还需要具体的形象思维的支持。突破本课难点——比较两个零下温度的高低，就借助了具体形象的测量温度的工具——温度计来帮助学生理解温度的高低。

"游戏规则的公平性"教学设计
（北师大版五年级上册）

■ 深圳市罗湖区洪湖小学　高红妹

一、设计理念

本节课我以让学生经历"问题情境——建立数学模型——解释、应用与拓展"为设计理念，力图让学生在自主探索中感悟、理解和应用，促进学生学习发展。由于课堂教学时间所限，无法让每个学生多次做同样的实验活动，而如果只让少数学生实验，则活动结果往往说服力不强。例如抛硬币，理论上应该正面和反面出现的概率是一样，但是我们每个人都知道硬币正反面出现的是随机性，若硬币向上抛的次数太少，正面和反面朝上的次数相差较大，它的随机性和偶然性容易显露；当硬币向上抛的次数越多，则正面或反面朝上的次数越来越接近，可是一节课的时间是有限的，如果给学生充足时间去感受，则导致交流和分析没时间进行。为了进一步解决这个矛盾，我使用了计算机模拟抛硬币实验课件，既节省了抛硬币的时间，又进一步让学生感受事件的等可能性和游戏规则的公平性，利用信息技术很好地解决了实际操作费时的问题。同时我还把全班各组活动结果进行整合，制作成一个全班活动结果统计表，让学生从全班各组活动结果来观察和分析问题，提高课堂活动效率。

二、学案设计

《游戏规则的公平性》导学设计

1. 谁先到达

跟爸爸妈妈或者爷爷奶奶一起玩右图的飞行棋，先决定用什么方式及谁先玩，再比赛谁第一个到达终点。

2. 是否公平

思考刚才决定谁先玩的方式是否对大家都公平？为什么？如果不公平，可以怎么修改就公平呢？

3. 哪个公平

两个人玩，用下面哪个骰子可以公平选出谁先玩，怎么选？

如果3个人还可以用抛硬币来决定谁先玩吗？为什么？

下面哪个方案公平？为什么？

 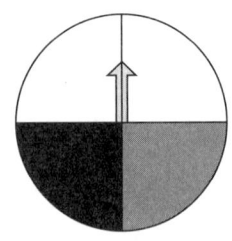

（1）摸到白色、黑色、条纹球的可能性各是多少？
（2）指针出现在白色、灰色、黑色区域的可能性相同吗？
怎样修改这个转盘使它变公平？如果转动指针 100 次，估计大约会有多少次指针落在白色区域？你是怎么算的？

三、教学目标

（1）在玩飞行棋中感受事件发生的可能性，进一步体验等可能性和游戏规则的公平性。
（2）学会求简单事件发生的可能性，能按照指定的要求设计简单的游戏方案。
（3）学会用概率的眼光去观察世界，能辨别游戏规则是否公平，并初步学会设计简单游戏的公平规则。

四、教学实施

1. 比赛

全班分男、女两队来比赛，看哪个队先到终点就获胜。每个队都想先玩，怎么办呢？谁有办法决定哪个队先玩？

设计意图：让学生在飞行棋比赛中，自然引出用什么方式决定谁先玩的问题，初步感受游戏规则的公平性。

2. 猜想

请大家一起先讨论同学们提出的抛硬币的方法，看看用这个方法决定哪个队先玩公平吗？你能用一个分数来表示硬币正面朝上的可能性吗？反面朝上的可能性呢？

同学们根据理论和经验猜想认为用抛硬币的方法决定是公平的，到底实际操作会不会这样呢？请同学们一起来实验验证一下。

设计意图：让学生在可能性大小的猜想中再次感悟游戏规则的公平性。

3. 实验

(1) 每人先独立抛硬币 10 次，做好个人记录，并填写汇报单。
(2) 个人完成实验探究后，请报给组长汇总。
注意：抛硬币时要用力均匀，高度适中，以免掉地上。
可用画"正"字的方法来统计。
个人实验表

正面朝上	反面朝上

小组探究表

	正面朝上	反面朝上
同学 1		
同学 2		
同学 3		
同学 4		
同学 5		
同学 6		
合计		

设计意图：让学生在抛硬币过程中，感受抛的次数过少时的偶然性，同时培养学生实验的严谨科学性。

4. 汇报

请一个小组的同学汇报自己的个人实验结果，输进 Excel 表格，让学生观察，看正面朝上与反面朝上的数据是否接近？按理来说应该正面朝上和反面朝上的数据接近相等，可是这位同学抛的硬币好像正面朝上比较多，为什么会这样？

为什么会出现三种：正面朝上的可能性大、反面朝上的可能性大、正面与反面朝上的可能性一样大？我们试试把其他组抛硬币的情况也加进来看看，此刻同学们又有什么感受？（让学生从少到多的数据慢慢接近）

是不是抛的次数越多就越接近呢？演示课件抛硬币 800 次同时引导学生注意观察数据的变化，现在你又有什么感受？

历史上抛得最多的有 5 位著名数学家，大家猜猜他们最多抛的有几次？

试验者	抛币次数	正面朝上次数	反面朝上次数
德摩根	4092	2048	2044
蒲丰	4040	2048	1992
费勒	10000	4979	5021
皮尔逊	24000	12012	11988
罗曼诺夫斯基	80640	39699	40941

说明：一枚硬币有正面和反面，当抛的次数较少的时候，它的随机、偶然性容易呈现出来；当抛的次数较多，那么它的本来面目就显现出来了，隐藏的秘密和规律也就看到了。

设计意图:让学生感受数学家的科学精神,对游戏规则公平性有个全面的认识。

5. 应用

(1)回应课前比赛,请男女生代表和一位裁判,先让男女代表选下面哪个骰子?再进行飞行棋比赛。

 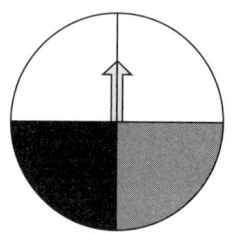

(2)如果老师也跟他们一起玩,现在3个人还可以用抛硬币来决定谁先玩吗?为什么?下面哪个方案公平?为什么?

①摸到白色、黑色、条纹球的可能性各是多少?

②指针出现在白色、灰色、黑色区域的可能性相同吗?

怎样修改这个转盘使它变公平?如果转动指针100次,估计大约会有多少次指针落在白色区域?你是怎么算的?

(3)请运用自己学到的知识设计一个小组比赛的公平规则,小组里比比谁的设计最合理、最有趣;再在组内进行飞行棋比赛。

设计意图:让学生在解决实际问题中巩固游戏规则的公平性,深化规则公平性的认识。

(三)板书

游戏规则的公平性

 正面占抛的总次数的 $\frac{1}{2}$ ⎫
 反面占抛的总次数的 $\frac{1}{2}$ ⎬ 游戏规则公平

五、教学思考

本课教学以飞行棋比赛这一游戏为主线来进行教学,让学生兴趣盎然,从而大大激发了学生的主体参与意识。

1. 创设情境,提出探究大问题

有疑问才能思考和探究。导入课题创设了飞行棋比赛的游戏情境,引发学生的问题意识：必须要想一个使双方都公平的游戏方法来决定哪队先玩！学生根据自己的生活经验说出自己的方法：抛硬币、掷骰子或者剪刀石头布，再反问学生觉得这个办法是否公平。这样，学生因为对游戏感兴趣，故而全身心投入到"抛硬币"探索活动中来。突出游戏中的可能性，感受可能性的大小（公平性）。而对于可能性的相关知识，学生已经具有相当的分析能力。因此，这节课把目标定位于让学生在亲自试验中，通过对试验结果的分析去体验可能性的大小来解决游戏中的公平问题，利用对于可能性大小的分析来修改不公平的游戏规则，让他们真实地玩游戏，切实地解决游戏中的问题，感受游戏中的数学，体验数学的价值。

2. 信息整合，突破数据整理点

本课注重让学生亲自从事试验，引导学生收集试验数据、分析试验结果，在活动的过程中体会可能性及游戏规则的公平性。组织活动由浅入深，通过"熟悉规则—大胆猜想—试验验证—分析数据—修改规则—设计规则"等让学生真正成为课堂的主人，充分参与到活动的全过程，逐步加深学生对游戏规则公平性的体验和感受：游戏公平就是指游戏双方获胜的可能性相同。同时也让学生在活动中体会：真知来源于实践，要用事实来说话。试验起到了验证的作用，是一种很好的学习方法。

此类统计与概率学教学中，经常会出现了学生的数据不是我们想要的情况，大部分老师会忽略它的存在，只是收集或展示跟教学有关的有用数据，比如学生在做抛硬币实验，每人抛10次。根据概率，抛到硬币正面和反面朝上的可能性是相等的，最"合理"的情况是摸到5次正面朝上，5次反面朝上。事实上不可能都是这种最"合理"的情况，或者应在5次上下小幅偏离。但也会出现结果偏离较大：一组摸到正面朝上8次，反面朝上2次；也可能会出现正面朝上3次，反面朝上7次。有的老师会手足无措，草草收场；也有的老师干脆回避，置之不理，这些都是不利于学生科学处理数据、正确看待数据和解释数据的。

信息技术帮助我很好地解决了数据收集和处理的问题。

（1）巧用Excel解决数据收集和计算问题。学生每人做抛硬币实验后，可以让电脑熟练的学生或教师本人填写相应的实验数据，就可以让在座的师生清楚观察到硬币正面和反面出现次数的变化和统计图的变化，让学生真实感受到，当抛硬币次数少时，硬币就可能正面朝上或反面朝上的次数多，也就是试验结果的随机性容易显露；从一个人的数据输入到一个组输入完毕，最后再到输完全班的数据时，整个动态过程在Excel表和图里让老师学生清楚看见正反面数据差异在逐渐变小，也就是当抛硬币次数多时，试验结果的必然性容易显露。利用Excel表解决了教师收集数据还要计算的问题，以前老师们在收集数据之后，还要引导全班计算数据和验证数据，而电脑节省了计算的时间，提高了课堂教学效率。

（2）电脑模拟抛硬币实验解决大数据问题。一节课的时间有限，全班抛的总次数也还是不够大数据，这时用上电脑模拟抛硬币，只需要1分钟就可以演示出抛800次硬币的变化过程。再结合幻灯片演示介绍历史上5位著名数学家的实验结果和他们的试验总次数，再次让学生感受到信息的魅力和数据的魅力，充分展示出抛硬币次数多时表现出来的趋势，提高了课堂教学效率。平时的教学统计中数据的处理，教师因为无法解决大量数据的问题而经常回避实验里可能出现的正面或反面朝上多的数据，而直接用正反面朝上一多的数据进行教学，这样不能很好帮助学生解释抛硬币的次数少时出现的随机性，造成盲目接受知识而生硬套用。现在这个电脑模拟抛硬币实验就很好地解决了这个问题，使教师的数据收集和处理来得更真实可靠。这样的信息整合不仅让学生看见数据的变化和数据的魅力，还亲身感受体验到信息技术带来的革命性，用事实教会学生要与时俱进。同时明白数学家为了追求真理时所付出的时间、耐力和毅力，明白作为学生学习就要不怕辛苦。

3. 注重合作，提高学习的效能

数学活动是师生之间、学生之间交往互动与共同发展的过程。让学生在"抛硬币、判断游戏规则公平性、改游戏规则、设计公平性和飞行棋"的活动中体验感悟游戏规则的公平性。学生能亲自动手设计使双方都公平的游戏规则，这是学生思维活动的一次提升。我的目的是通过这一活动，促进和发展学生的创新意识和创造能力。本课，我提供给学生充分的合作交流的机会，创设基于师生交流、互动的教学关系，彼此形成一个真正的学习共同体，从而达成共识，共享、共进。根据教学内容和问题情境，适时地引进小组合作学习，帮助学生设计恰当的学习活动，每个学生有明确的分工，有充分的合作学习的时间，以提高合作效能。本课的一系列活动，都是让学生在小组合作中完成，使学生在合作中学会学习，在学习中学会合作，不断提高探究学习的有效性。

4. 用飞行棋，形成良好的习惯

为了确保实验数据的真实性，从数据收集到整理，都要培养学生良好的实验习惯。我花了3天时间设计了这个飞行棋，让学生在玩飞行棋中规范自己的行为，要想飞行成功就要做到"会分析数据、轻抛硬币、爱发言、数据真实、认真实验"，否则"搞小动作、没有做记录"非但不可以飞还要倒退，这样学生为了取胜就必须有良好的实验习惯，也就在玩中完成了学生习惯的培养。

六、导师点评

《游戏规则的公平性》是北师大版小学数学教材五年级上册的内容，其主要内容是让学生能辨别游戏规则是否公平，并能设计简单游戏的公平规则。这部分内容富有生活气息，充分体现了"生活中有数学，数学源于生活"的新课程理念。

（一）教学设计

（1）本课的教学容量合理，符合课程标准的要求，同时符合学生心理特征和认知水平。游戏一直是孩子们喜欢的话题，教学创设了飞行棋比赛这一游戏的氛围，激发学生自主探究知识的欲望。以飞行棋比赛为主线来展开教学，整节课学生兴趣盎然，学生参与意识强。

（2）教学设计突出了数据收集与整理的全过程。设计活动有三个：学生自己亲手抛硬币、计算机模拟抛硬币、历史五位著名数学家抛硬币，这些活动让真实与虚拟数据相结合，让个人与集体相结合，让现代与古代相结合，让时空实现了跨越与腾飞，让信息技术节省了实验的时间，能更好地让学生了解事件的随机性和等可能性。

（3）本课情境虽然跟教材相同也是从下棋谁先走这个问题出发，但是教师静心设计了飞行棋使用的棋盘，将课堂纪律要求和实验数据真实要求巧妙融合在棋盘上，规范学生课堂行为表现、实验操作和数据整理。

（二）教学过程

（1）教师的语言亲切有感染力，语速合适，便于学生思考。

（2）该课教学环节安排合理，比赛活动有趣，学生学习积极性高，生成过程自然。

（3）有疑问才可以更好地思考和探究。导入环节，教师创设了飞行棋比赛的游戏情境，引发学生的问题意识：必须要想一个使双方都公平的游戏方法，来决定哪队先玩！学生根据自己的生活经验说出自己的方法：抛硬币、掷骰子或者剪刀石头布，你们觉得这个办法好吗？公平吗？这样，学生因为对游戏感兴趣，故而全身心投入到"抛硬币"探索活动中来。

（4）巧妙应用信息技术提高课堂教学效率，Excel解决了数据收集时的计算问题，电脑模拟抛硬币实验解决课堂时间问题。

（三）教学目标

（1）绝大多数学生能理解游戏规则的公平性，能判断游戏规则是否公平，并能设计简单公平的游戏规则。

（2）在学生抛硬币实验和小组合作学习中，教师注意巡视指导和收集学生实验情况，组织学生有序地进行小组合作。

（3）教学过程突出了教学重点游戏规则的公平性的体验，注重教学难点突破，让学生在"谁先走"真实问题情境中，自主探究知识。真正做到"玩中学，学中玩"。

"节约用水"教学设计

（人教版六年级上册）

■ 汕头市教育局教研室　吴燕娜

一、设计理念

国家教育部颁布的《义务教育　数学课程标准》（2011版）对数学课程内容安排了四个部分："数与代数""图形与几何""统计与概率""综合与实践"。其中的"综合与实践"是一类以问题为载体，以学生自主参与为主的学习活动。活动可以在课堂上完成，也可以课内外结合。本节课以"节约用水"为主题设计学习活动，让学生明白：为什么要节约用水？如何节约用水？重视课前小调研，重视学生自主参与实践过程，鼓励学生积极动脑、动手、动口，让学生亲身经历了"收集信息—分析数据—解决问题—付诸行动"的学习过程，也对世界水资源状况有充分的认识，理解节约用水的意义，同时培养学生收集整理信息的能力和小组合作的能力，初步渗透统计思想，积累综合运用数学思想方法、知识技能解决实际问题的活动经验。

二、学习内容

人教版义务教育教科书六年级上册（P105～P106）。

三、学习目标

（一）知识技能

使学生掌握调查研究、测量计算等策略，了解世界水资源情况，理解节约用水的意义，培养学生观察、收集、整理数据的能力。

（二）问题解决

通过对一个小小的"滴水的水龙头"的探究分析，培养学生学会"用数据说话"的意识和能力，使得提倡"节约用水"这一问题更具说服力。

（三）数学思考

在学生汇报一个滴水水龙头一分钟的漏水量时，以统计图的形式直观地让学生对比出不同水龙头一分钟的漏水量是不同的，巧妙地渗透统计思想。

（四）情感态度

通过播放视频等形式，引导学生积累节约用水的方法，养成节约用水的良好习惯，增强环保意识，自觉采用可持续发展的生活方式。

四、学习重点、难点

（一）学习重点

水龙头滴水速度的测算。

（二）学习难点

运用所测得的数据联系实际生活进行分析和推断。

五、学具准备

计时器、课堂练习题卡、计算器（每小组准备一个）、量杯或有刻度的瓶子。

六、学情分析

本课是在学生掌握了时间单位间的进率、平均数的意义、计算器的使用方法，具备了一定的测量技能和统计知识，如收集数据、整理数据、用表格呈现数据等的基础上开展的，旨在让学生综合运用所学知识、技能、方法，通过设计方案、动手实验、交流反思等活动来培养学生的实践能力、应用意识、创新精神以及合作精神，帮助学生积累数学活动经验。课堂主要创设了两个大环节：一是以问题为导向，突出数学知识的整体性和实用性，沟通生活中的数学与课堂上的数学的联系；二是以微视频加翻转课堂的理念实现课堂学习的高效化，真正回归"学为中心"的教育原点。但由于生活中真正漏水的现象较零散，为了让学生能真正去实践，教师采用模拟水龙头漏水的情景，上课的地点选择在学校的实验室，因为实验室里有水龙头，实验室的旁边是植物园，也有许多水龙头。让学生真真切切在活动中感受数据，感受到"玩中学数学真好"，同时也体验到一种科学的调查研究过程，让学生从数学的角度思考"浪费水的现象"，体现"综合实践活动"课的综合性和实践性的特点。

七、学习资源开发与利用

课前小研究（四人一组，课前合作完成）

"节约用水"课前小研究

班级：＿＿＿＿＿＿　　组别：＿＿＿＿＿＿　　成员姓名：＿＿＿＿＿＿

表一：

调查身边是否有浪费水的现象，请打"√"	有（　　）	无（　　）
请举一个浪费水的例子：		
你知道的水资源的现状：		

八、教学实施设计

（一）收据信息，提出问题

1. 课一开始，课件出示地球图片

师：这是我们美丽的地球，你知道哪些是海洋？哪些是陆地吗？如果让你用一个比来表述海洋和陆地面积的比，请你猜一猜，会是几比几？

师：海洋的面积和陆地面积的比是7∶3，看来，地球的水资源特别丰富，真是这样吗？课前让大家收集有关节约用水的资料带来了吧？谁愿意和大家分享你收集到的信息？

生1：我了解到在全部水资源中，97.57%是咸水，无法饮用。在余下的2.43%的淡水中，有 87% 人类难以利用。我们真正能利用的是江河水和地下水中的一部分，仅占地球总水量的 0.26%，水资源是很有限的。

生 2："世界水日"的由来：1993 年 1 月 18 日，第 47 届联合国大会作出决议，确定每年的 3 月 22 日是"世界水日"。

生 3：我国淡水资源总量为 2.7 万亿立方米，居世界第六位，但人均水量只相当世界人均占有量的 1/4，居世界第 121 位。

师：听了这几位同学的汇报，现在你们觉得我们的淡水资源多吗？

生：不多。

师：看来，我们的淡水资源并不是我们想象的那样丰富，取之不尽，用之不竭！在生活中，我们注意要"节约用水"（板书课题）。

2. 展示课前小研究，激发学生探究热情

师：谁来说说生活中浪费水的现象？

生 1：厕所里冲水的装置坏了，在不断地滴水；

生 2：小区水池的排水管开关坏了，也在滴水；

生 3：公园里的水龙头老化了，在不停地渗水；

生 4：同学上卫生间时忘记关水龙头，造成浪费水的现象……

（师出示图片）

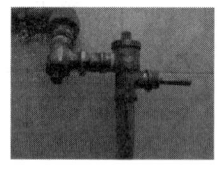

师：大家看了这些图片，想说什么呢？又能提出什么数学问题呢？

生 1：学校每天浪费多少水？

生 2：全中国的水龙头每天会浪费多少水？

生 3：一个水龙头每分钟浪费多少水？

生 4：学校一年浪费的水大约多少钱？

……

师：这些问题都很有数学价值，我们有时在研究大数据的时候，通常是从小数据开始研究的，也即通过样本来推算总体的情况。如：我们可以从一个水龙头每分钟浪费的水量开始研究，得出样本小数据，再用"小数据"推算出"大数据"，就可以知道一个水龙头一小时乃至一年浪费的水量。下面请同学们分组研究一个水龙头一分钟浪费多少水？

设计意图：这样的设计突显了本节课的关键问题，即"一个水龙头一天漏水多少升？"让学生知道要研究什么，为什么要研究这个问题，让孩子们知其然并且知其所以然，同时感悟到用样本来推算总体的统计思想，强化数据分析观念。

3. 分组做实验

师：那怎样研究呢？老师给每小组都准备了一个表。

调查水龙头一分钟的漏水量	
收集到的水的体积（单位：毫升）	
收集时间（单位：分钟）	
一分钟漏水量（单位：毫升）（得数保留整数）	
备注：一分钟的漏水量＝水的体积÷时间	

教师强调：得数要保留整数，一分钟的漏水量＝水的体积÷时间。

师：我们要进行调查研究，必须要正确使用测量工具。

（教师出示测量工具）

师：在我们生活中，出现水龙头漏水的现象比较零散，给我们的测量带来了一些困难，为了让同学们能收集到漏水数据，我们这节课准备用模拟漏水的方法来让大家测量所需的数据，请根据你观察到的水龙头漏水的情况，自己调节实验所用的水龙头，可以在以下四个地点做实验。

实验室里的水龙头

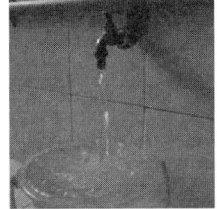
厕所里的水龙头

植物园水龙头

植物园塑料水管

师：实验时要注意以下几点（课件出示）。

> **实践注意事项**
> 时间是5分钟内
> 一、正确使用测量工具。
> 二、准确记录漏水相关数据。
> （得数都保留整数）
> 三、运用计算器算出每分钟的漏水量。
> 四、小组成员分工合作。
> （测量完后，量杯要放回原位，然后回教室）

教师强调：测量时量杯要放平，不能倾斜读数，要注意小组合作，小组长要安排好组员的分工，可以多测量几次，要把相关数据及时记录在调查表中，提醒测量时间是5分钟。

第（ 2 ）小组调查表

调查水龙头一分钟的漏水量	
收集到的水的体积（单位：毫升）	70ml
收集时间（单位：分钟）	5分
一分钟漏水量（单位：毫升）（得数保留整数）	14ml
备注：一分钟的漏水量=水的体积÷时间	

图：小组调查表

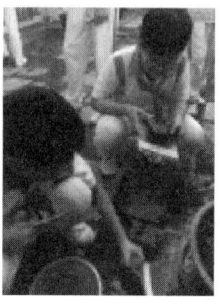

图：学生活动中

设计意图：如何突显综合实践课实践性强的特点？生活中真正漏水的现象零散，学生如何收集数据就成了一个难题，为了克服这一难题，教师采用模拟水龙头漏水的情景，借助学校实验室和植物园的有利条件，让学生真真切切在活动中感受数据，这样的数据是有生命力的，这样的数学活动让学生真正感受到"玩中学数学真好"，同时也体验到真实科学的调查研究过程，对学生的终身发展具有深远的意义。

（二）整理数据，分析问题

1. 汇报展示，分析小结

师：刚才我们已经收集了水龙头漏水的数据，你们是怎样测量的？下面请各小组上台分享你们测量的结果。

生1：我们组测量的是植物园一个正在滴水的水龙头，收集到的水的体积是25毫升，收集时间是2分钟，我们组计算的结果是每分钟漏水12.5毫升。

生2：……

学生汇报后形成下表：

	水龙头1	水龙头2	水龙头3	水龙头4	水龙头5	水龙头6
收集时间（分钟）	2	5	2.5	2	5	3
漏水量（毫升）	25	100	30	26	25	47
漏水速度（毫升/分钟）	12.5	20	12	13	5	15.7

师：你的测量方法是什么？测量方法合理吗？测量时要注意什么？你们是怎样计算出

一分钟的漏水量？

师：你觉得用哪个数据代表一个水龙头一分钟浪费的水量？用20行吗？用5呢？为什么？

生：20太大了，5太小了，都不能代表。

师追问：用什么数比较合适呢？

生：用平均数比较好，因为它不会太大也不会太小，它可以代表这组数据的平均水平，是最合理的。

师：因为平均数不会受到最大的数和最小的数影响，是最合理的。平均数是统计中最常用的指标，用样本的平均数对总体的平均数进行推断，是统计的基本思想。

接着，教师让学生用计算器算出了六个水龙头漏水量的平均值，结果是每分钟约13毫升。

2. 板书

（12.5＋20＋12＋13＋5＋15.7）÷6 ≈ 13（毫升）
平均每个水龙头一分钟浪费水约13毫升

设计意图：这一环节设计的目的是要引导学生对不同水龙头漏水速度进行比较，理解用其中一个水龙头的漏水速度不能代表一般水平，要用多个水龙头平均漏水速度来表示；学生通过数据的收集与整理、平均数的计算等，学会用统计表的形式整理数据，分析数据，得出结论，并在比较和分析中积累收集和整理数据的活动经验。

（三）运用数据，解决问题

1. 计算一个小水龙头一年的漏水量

师：照这样计算，一个小水龙头一小时会浪费多少水呢？一天呢？

学生先笔算出一小时的漏水量，再用计算器算出一天的漏水量。

为了后面计算的方便，有学生建议把单位"毫升"改为"升"，并保留整数为19升。

为了让学生头脑中对19升有一个更清晰的表象，教师出示了一个20升的桶装水的图片。

师：照这样计算，一年会浪费多少水？

生用计算器算出一年会浪费7吨水。

这时，学生不由自主地发出感叹：真是"不算不知道，一算吓一跳"。一个小小的水龙头，一年竟然可以浪费7吨水。

一个漏水水龙头漏水情况统计表

时间	1分钟	1小时	1天	1年
漏水量（保留整数）	13毫升	780毫升	19升	7吨

2. 感悟"大数据"，理解节约用水的意义

教师以问题为主导，引导学生继续探究（提出三个问题，让学生自主探索，小组

交流)。

①假如学校里共有 3 个漏水的水龙头。照上面调查的比率计算，全国 30 万所学校，全年大约浪费多少吨水？

②如果每吨水收费 2.5 元，一共要多付多少水费？

③如果 1 个人一年用 30 吨水，这些水可供多少人用 1 年？

学生通过自主探究，合作交流，得出：假如一所学校有 3 个漏水水龙头。一年就浪费了 21 吨水，照这样计算，全国每年要浪费 630 万吨水，如果收费的话，要交 1575 万元，可供 21 万人用 1 年。

设计意图：触目惊心的大数据再次让学生心中为之一震。这时，学生真切地感受到"节约用水"并不只是一个观念，一句口号，而是沉甸甸的数据，是数学让它变得如此实在。

（四）学以致用，付诸行动

1. 课件出示我国西北地区的缺水情况

师：一个不起眼的漏水水龙头，一年算下来要浪费好多水资源，而在我国西北地区人民因干旱而造成喝水难的问题，生活极为困苦。（课件出示图片）

2. 谈谈生活中如何做到节约用水

师：让我们每个人都做生活的有心人，保护好我们的资源，不要让我们的眼泪成为地球的最后一滴水！在生活中我们能如何做到节约用水呢？

生 1：把用过的水（如泡脚水）拿来冲厕所，做到一水多用。

生 2：可以用淘米水来洗蔬菜。

生 3：随手关好水龙头。

生 4：不污染水源。

生 5：保护供水设备，遇供水设备被毁坏，及时报警。

师：生活中，我们提倡"一水多用"，我们城市实行的"自来水阶梯收费"也是鼓励大家节约用水的措施之一。

设计意图：结合我国西北地区的缺水情况，联系生活，探讨有效的节约用水措施，引导学生从生活中的一点一滴做起，从自身做起，用实际行动保护水资源。

（五）回顾总结，拓展延伸

师：通过今天的学习，你有什么收获？

师：节约用水，从我做起！课后请同学们也设计出一些节约用水广告语，宣传节约用水。

师生共同观看节约用水的公益广告——心心相连，节约用水。

设计意图：联系生活学数学，把生活经验数学化，数学问题生活化，激发学生学习数学的兴趣，学会用数学来解决日常生活和其他学科学习中的问题，以此唤起学生的学习兴趣，使求知成为一种内驱动。

（六）板书

节约用水

	水龙头1	水龙头2	水龙头3	水龙头4	水龙头5	水龙头6
收集时间（分钟）	2	5	2.5	2	5	3
漏水量（毫升）	25	100	30	26	25	47
漏水速度（毫升/分钟）	12.5	20	12	13	5	15.7

一个漏水水龙头漏水情况统计表

时间	1分钟	1小时	1天	1年
漏水量（保留整数）	13毫升	780毫升	19升	7吨

九、导师点评

该节课教学环节清晰、完整具体，能活化教学内容，使之生活化，课堂教学的开放性、师生关系的民主性、教学模式的多样性，能培养学生良好的学习品质，体现出该教师很强的教学能力。教学设计能初步渗透统计思想，积累综合运用数学思想方法、知识技能解决实际问题的活动经验，是一节很成功的示范课。

"什么是周长"教学设计

（北师大版三年级上册）

■ 茂名市光华小学　曾德统

一、设计理念

数学活动经验的积累是提高学生数学素养的重要标志。本课设计是运用活动化的教学设计理念，将静态的教学内容设计成动态的过程，注意在学生丰富的生活背景上学习数学，建立概念，通过多种活动感知周长的含义，从多种角度去寻求解决问题的策略，帮助学生在"做"的过程和"思考"的过程中积淀积累数学活动经验。

二、学案设计

课前活动：

（1）二年级学过的长度单位有＿＿＿＿＿＿、＿＿＿＿＿＿。

（2）用尺子量出你的身高是＿＿＿＿＿＿＿＿＿＿。

（3）测量到我的书桌的一条边的长是＿＿＿＿＿＿厘米。

板块一：仔细观察比眼力

如右图，你认为周长是指＿＿＿＿＿＿＿＿＿＿＿＿＿＿＿。

板块二：笔描周长打擂台

请找一片喜欢的树叶，在空白处描出树叶的边线，要求描得准确。

板块三：生活周长我来找

请准确描出下面图形的周长，并数数各有多少厘米长。

＿＿＿＿＿＿厘米　　　＿＿＿＿＿＿厘米　　　＿＿＿＿＿＿厘米

板块四：文明合作量一量

（1）测量直线型图形的周长。

＿＿＿＿＿＿厘米　　　＿＿＿＿＿＿厘米　　　＿＿＿＿＿＿厘米

（2）试量出刚才你喜欢的那片树叶的周长，写出来（提示：可借助毛线来测）。

我所选的树叶的周长是＿＿＿＿＿＿厘米。

板块五：闯关挑战我不怕

（1）判断哪些图形能找到周长？

（2）蜗牛沿着图形的边线走一周，请将它们走的路线画出来。

（3）数一数，下面图形的周长分别是多少厘米？

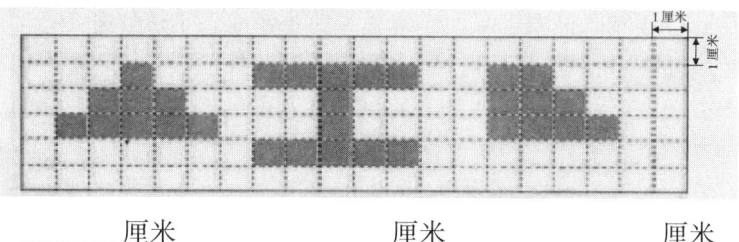

_____厘米　　　_____厘米　　　_____厘米

（4）思考：用四个边长为1厘米的正方形拼成下面的图形。周长一样长吗？

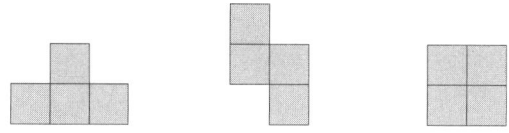

板块六：美丽家乡大家赏

欣赏生活中周长的应用，找出图形中周长指什么。

 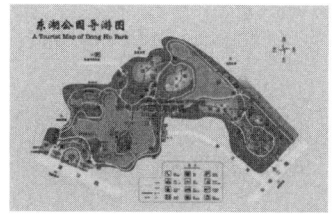

课外知识链接：

封闭图形一周的长度，就是图形的周长。周长的长度因此亦等于图形所有周边的和。一般用字母C来表示。

周长只能用于二维图形（平面），三维图形（立体）如柱体、锥体、球体等都不能以周长表示其边界大小。

有关周长的成语：周而复始。

三、学习目标

（1）认识并理解周长的概念，能在实际生活中指出周长。
（2）掌握测量周长的方法和过程，体验和感受数学在生活中的应用。

（3）能有条理地、清晰地阐述自己的观点。

四、教学实施设计

课前活动：课前游戏我来猜

（1）猜猜老师的身高是多少？

设计意图：复习长度单位：米、厘米。

（2）根据动作猜成语：周而复始。

设计意图：引入"周"的概念。

板块一：仔细观察比眼力

1. 情境初现

师：同学们，今天老师请来了一位小客人……小蚂蚁。小蚂蚁有一个非常好的习惯，那就是经常锻炼身体。看，它又要开始跑步。（出示课件）

学生观看蚂蚁爬树叶的动画（FLASH动画演示小蚂蚁沿着树叶的边线爬一周）

讨论：刚才小蚂蚁跑的路长与这片树叶的什么有关?

指名回答，师根据回答，适当板书：一周的长度

师：今天我们就一起来研究《什么是周长》。

板书课题：什么是周长

2. 对于周长，同学们都有些什么了解

设计意图：第一步创设小蚂蚁绕树叶爬一周的情境，引起学生的兴趣。第二步调查学生的知识储存，了解知识的起点。

板块二：笔描周长打擂台

每组派出一个代表，与老师进行比赛，描出树叶的周长。

第一轮比赛：看谁画得又快又准

设计意图：强调贴着边线。

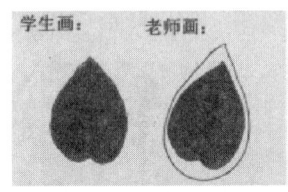

第二轮比赛：看谁画得又快又对

设计意图：强调回到起点。

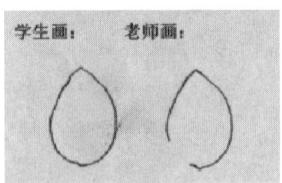

第三轮比赛：看谁画得又快又好

设计意图：强调只算周线。

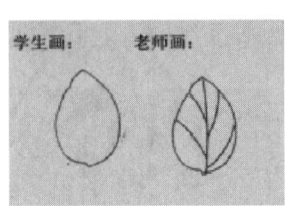

第四轮比赛：公平比赛：谁先画完

学生描一块很大块的树叶的周边，老师描一片较小的树叶周边。

设计意图：突出周长有大小。

小结：周长就是指树叶（封闭图形）一周的长度。

设计意图：通过四轮比赛，把宽泛、模糊的周长概念清晰化、准确化，并在不同侧重点的活动中积累相关的经验。

板块三：生活周长我来找

1. 摸一摸，说一说

（1）摸一摸手中树叶的边线（强调从哪起摸，到哪，这一周的长度就是叶面的周长）

（2）摸一摸数学书封面的边线。（强调：这一周的长度就是封面的周长）

（3）摸一摸课桌面的边线。（强调：这一周的长度就是课桌面的周长）

学生活动：摸一摸物体的周边，小组互说周长指什么。

2. 想一想，描一描

师：你们手中的树叶漂亮吗？想不想也学学小蚂蚁的方法，描出它们的一周边线？感受树叶周长的长短？

（1）学生活动：描树叶的周长，比一比谁能描得又快又好。

（2）学生演示交流是怎么描周长的？（实物投影展示）

（3）师：小蚂蚁想试试大家的能力如何？又给我们带来三幅可爱的图画，你们喜欢哪一幅就选哪一幅，请你描出它们的边线，并数数它们的边线各有多少厘米。

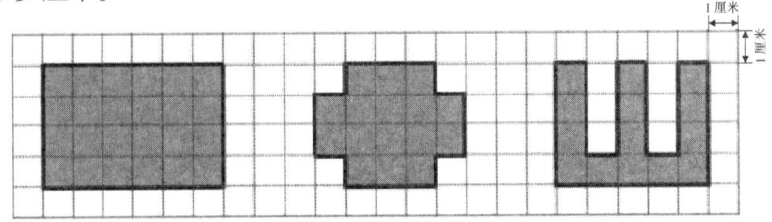

设计意图：设计摸、描、说等操作活动，让每一个学生都真正体验到周长的概念。

板块四：文明合作量一量

（1）测量直线型图形的周长。

师：老师特地为大家带来一些图形朋友，你们看都有谁？

（图形有：三角形，长方形，梯形）

说一说：用什么测量？怎样测量？要注意什么？

学生活动：小组合作完成测量。

（2）测量曲线型图形的周长。

同桌讨论：如何测量一片树叶的周长？

集体交流测量所需的工具、测量方法。（教师同时演示操作的方法）

学生活动：同桌合作测量树叶面的周长，小组交流反馈。

（3）小结：看来在测量直线型图形的周长时，只需要测量出围成这个图形各条边的长度，再计算出它们的总和就行；如果要测量曲线型图形的周长，就需要借助毛线、卷尺等工具，化曲为直。

设计意图：在理解周长指什么的基础上，进一步设计动手操作测量活动，在测量活动中体悟周长是指图形边线的长度,知道测量的方法,积累测量经验,提升学习兴趣。

板块五:闯关挑战我不怕

(1)判断哪些图形能找到周长?

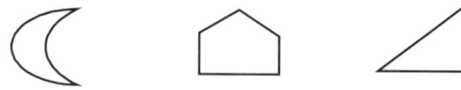

(2)蜗牛沿着图形的边线走一周,请将它们走的路线画出来。

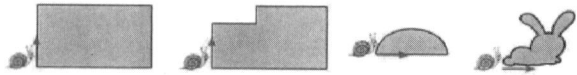

(3)数一数,下面图形的周长分别是多少厘米?

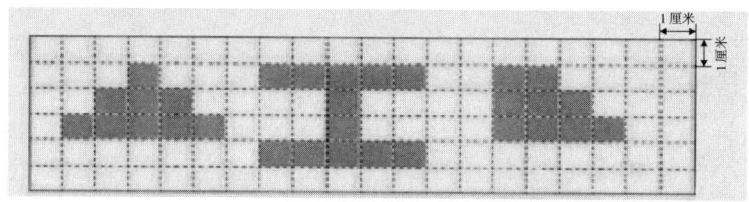

(4)思考:用四个边长为1厘米的正方形拼成下面的图形。周长一样长吗?

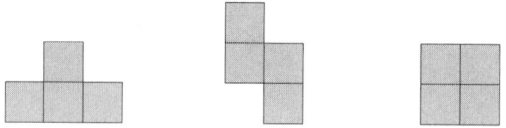

(5)学生小结梳理。

设计意图:设计4道闯关练习进行课堂检测,进一步加深对周长的认识,第1小题侧重强调封闭图形,第2小题侧重强调贴着周边,第3小题强调周长的长短计算,第4小题则提出相同数量小正方形摆放形状不同,周长有变化的深一层思考。

板块六:美丽家乡大家赏

播放音乐,欣赏生活中周长的应用。

 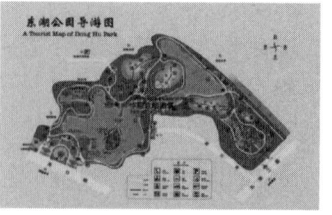

设计意图:新课程标准指出,数学来源于生活。数学知识的教学,要注重知识的"生长点"与"延伸点"。本环节就是把知识的延伸点放到生活中去,让本节课的知识点"生"起来,引发学生更多的思考。

五、板书

什么是周长

（封闭）图形一周的长度就是图形的周长。

边线

六、导师点评

本学案设计对概念核心要素认识充分，设计恰当：

一是生活引入，有效展开。从学生丰富的生活背景切入，注重过程性经验的积累，通过多种活动建立概念，按照导学的要求较清晰地展开学习探究活动，设计可行。

二是动态呈现，积累经验。整个设计注重动态呈现概念核心要素，从生活中几何体的表面到平面图形，抓住"一周""边线"等核心的概念要素，将静态的"一周"设计成动态的过程。通过四轮比赛，把宽泛、模糊的周长概念清晰化、准确化，然后通过摸、描、说等操作活动，让学生真正体验周长的概念；接着设计动手操作测量活动，在测量活动中体悟周长是什么，最后设计一个闯关练习进行课堂检测，对周长的认识进行巩固。

三是多维接入，层层突破。整个设计重视了学生活动经验的积累，从多个维度去思考，注重发掘学生多种感官参与，层层深入，让学生在"做"的过程和"思考"的过程中形成清晰的心智图像，内化了概念。

"百分数的认识"教学设计

（北师大版六年级上册）

■ 惠州市博罗县教育局教研室　邹小婷

一、教学目标

（1）经历百分数产生的过程，感受百分数的价值，理解百分数的意义，学会正确读写百分数。

（2）在具体的情境中，解释百分数的意义，体会百分数与生活的密切联系。

（3）感受百分数在生活实际中的应用价值，增进学好数学的信心和乐趣。

二、教学重、难点

理解百分数的意义，会正确读写百分数。

三、教学准备

课件。

四、课前准备

收集生活中有关百分数的信息。

五、教学过程

（一）创设情境，提出问题：

（1）介绍课前收集的百分数。

（2）揭示课题：生活中人们为什么那么喜欢用百分数？用百分数有什么好处呢？这节课我们就一起来认识百分数这个新朋友。（板书：百分数的认识）

（3）提出问题：对于百分数，你想了解些什么？

（二）充分感知，主动构建

1. 体验百分数产生的必要性

师：同学们，老师带来了一些信息，一起来看看。在一场足球比赛中，比赛将要结束的时候，双方的比分还是0∶0，这时因为对方犯规，猛虎队获得了一次罚点球的机会，他们准备派三名队员中的一名去罚球。如果你是教练，你该派哪位队员罚点球？说一说你的理由，并与同学进行交流。

（1）出示相关数据，让学生分析。学生先自己想想，再把自己的想法说给同桌听，再和小组合作交流。

队员	进球个数	罚球个数	进球个数占罚球个数的几分之几	进球个数占罚球个数的百分之几
1号	18	20		
2号	8	10		
3号	21	25		

（2）说说 $\frac{90}{100}$、$\frac{80}{100}$、$\frac{84}{100}$ 表示的意思。

2.学习百分数的读法和写法。

（1）介绍百分数。

生活中，为了比较的方便，我们常把一个数占另一个数的几分之几的数，统一表示成一个数是另一个数的百分之几，这样的数，就叫作百分数。百分数有一种特殊的表示方法。

（2）示范百分数读、写。

百分数通常不写成分数形式，而是在原来分子的后面添上百分号来表示。写百分数时，先写数，再写百分号，读百分数时，先读百分号，再读数。

（3）模仿训练。

教师将上述三个中的第一个分数写成百分数，另两个分数由学生完成。

教师随意写一个百分数，让学生读出来。

3.构建百分数的意义

（1）说说90%、80%、84% 分别表示什么意思？

像这些（90%、80%、84%）表示一个数是另一个数的百分之几的数都是百分数，百分数也叫百分率或百分比。

（2）联系生活例子说一说百分数分别表示什么意思。

①今天全校学生的出勤率为95%。

②第六次全国人口普查结果表明：目前我国男性人口约占总人口的51%，女性人口约占总人口的49%。

③贵州茅台酒精含量是38%。雪花啤酒酒精含量是3.5%。

④你在生活中还见过哪些百分数？分别表示什么意思？与同伴交流。

学生合作交流自己搜集到的百分数，用语言描述百分数表示的意义。

（3）小结百分数的意义

4.百分数与分数的联系和区别。

下面哪几个分数可以用百分数来表示？哪几个不能？为什么？

（1）一堆煤有 $\frac{88}{100}$ 吨，运走了它的 $\frac{44}{100}$。

（2）某市小学生近视的人数是小学生总数的 $\frac{18}{100}$。

小结：分数既可以表示两个数之间的倍数关系，也可以表示具体数量。百分数是特殊的分数，只表示两个数之间的倍数关系，并不表示具体的数量，所以百分数不能带单位名称。

（三）巩固练习，深化提高

1. 读出下面的百分数

85%　20.8%　1%　100%　300%　60%　0.05%　125%

说说这些百分数的分子有什么特点？

2. 读出下面的百分数，并说一说这些百分数所表示的意思

（1）姚明加盟NBA联赛的第一年，投篮命中率为49.8%。

（2）下载一份文件，已完成了10%、20%、30%、50%、98%、100%。

（3）今年的房价是去年的110%（120%、80%）。

3. 比比谁最棒

请你在20秒内写十个不同的百分数。

4. 根据成语猜百分数

十拿九稳、十全十美、半信半疑、百里挑一。

（四）回顾小结，质疑延伸

（1）这节课马上就要结束了，我们回忆一下这节课学了什么？你能用百分数告诉大家你的收获吗？你收获了百分之几？

（2）延伸：百分数在我们的生活当中无处不在，那么有十分数，千分数吗？请你课外去研究研究。

（3）老师送你一句名言：成功=1%的灵感+99%的汗水，希望同学们能从这句名言中受到启发。

（五）作业布置

读了"成功= 1%的灵感+99%的汗水"这句话，你有什么感想？课后把自己的感想写在日记本上

（六）板书

百分数的认识

（百分比、百分率）

（倍数关系）$\frac{18}{20} \to \frac{90}{100}$（百分之几）　90%　百分之九十

$\frac{8}{10} \to \frac{80}{100}$　　　　　　80%　百分之八十

$\frac{21}{25} \to \frac{84}{100}$　　　　　　84%　百分之八十四

六、教学反思

本课为百分数教学的第一课时，在教学中我力求为学生营造一个独立思考，开放的课堂教学环境，突出以学生为主体的教学理念，让学生在独立思考、合作交流、比较分析、

归纳整理的过程中，获取知识、提高学习能力，并充分体会到百分数认识与我们的生活实际是紧密相连的。在教学材料的安排上选取了大量的生活素材，以孩子们原有的知识经验为基础，以不同的方式呈现，吸引并激发全体学生积极参与。主要有以下特点：

1. 紧密联系生活实际

新《课程标准》十分强调数学与现实生活的联系，通过教学使学生"认识到现实生活中蕴含着大量的数学信息，数学在现实世界中有着广泛的应用"。在教学《百分数的认识》这一课中，我紧密联系学生生活实际，从百分数概念的引入（交流展示课前收集的含有百分数的例子让学生感知）——概念的形成（在解决派哪个选手去罚点球的问题中形成）——概念的强化（在学生熟知的生活情景中理解百分数的意义）——概念的运用（用一个百分数告诉大家，你能用百分数告诉大家你的收获吗？你收获了百分之几？），每一个题材的选取，我都从学生熟悉的生活情景和感兴趣的事物出发，为他们提供了观察比较、探索研究、归纳总结的机会，使学生感受到数学的趣味和作用，体会到了数学就在身边。

2. 关注学生知识的形成过程

新课程理念强调，重视知识的形成过程，不能只关注结果。我这节课的教学，无论是素材的选取还是教学过程的设计都让学生体会和感受到了学习数学的必要性。没有直接告诉学生学习百分数有什么作用，百分数的意义是什么，而是通过学生自主学习，小组合作，让学生感悟在生活中搜集到的具体的例子，让学生在探索学习中悟出一些百分数的意思。如百分数意义的开场，课始，创设学生感兴趣的"你认为该选派哪名队员去罚球"的问题情境，并且精心设置，让三个队员罚球信息分步呈现，营造了一种现实而富有吸引力的学习背景。随着信息的逐次出现，学生认知心理上的平衡状态不断遭到破坏，从而激起他们的认知冲突，在辨析中促使学生深入思考，让学生在认知冲突与争论中看到知识产生的必需性。至此，"百分数"的出现便不再是一种简单的"强制"和"告诉"，而是蕴含着更为丰富意义的"需要"和"方便"，学生真切地体验到了百分数的价值，也为概括百分数的意义积累了比较充实的感性认识。

3. 把学习的主动权交还予学生

在《黄爱华与活的数学课堂》一书中有这样一句话：任何一种有效的、成功的教学，都必须是有学生主体参与的。换句话说，没有学生主体参与的教学，不是成功的教学。在教学时，我力求让学生在独立思考，自主探索中构建新知。如说说生活中的百分数的意义环节，让学生对自己收集的数据进行研究，给了学生充分的自主权，让学生既需要个人独立思考，也可以随时交流，有困难的学生，可以随时向老师或同伴请教。课程结束前让学生用百分数评价自己这节课的收获。整个课堂，我力求让学生在一定的自主性活动中获得主动的发展。

纵观整节课教学，教学目标比较明确，课堂教学程序流畅，能够紧密把握重点、能够力求突破难点，较好地完成了教学任务。但是在从用分数（一个数是另一个数的几分之几）转到用分母是100的分数表示进球个数与罚球个数的比率这一环节过渡还不够自然，在引导方式、方法上还有待改进。

七、导师点评

这节课,遵循"感知—建构—应用—拓展"的教学主线来开展教学,利用学生已有的分数知识的基础与生活中对百分数的认识,以生活化的方式呈现数学内容,体现"让生活走进数学,让数学服务人生"的教学。引导学生经历"具体—抽象—具体"的这一概念教学的基本过程,让学生在合作交流与自主探索的气氛中学习。

(1)设计上注重了数学知识来源于生活的思想。本课是一节概念课,以足球比赛中谁来罚点球这一具体情境导入,让学生通过比一比、算一算、说一说、找一找等多种形式与方法来感悟学习百分数的重要性与必要性。

(2)学案的编写科学、合理、有条理,学案中设计了百分数的产生;百分数的读法、写法;百分数的意义;生活中的百分数,分数与百分数的区别这五个内容,包含了百分数的重要知识点。

(3)教师的点拨、引导到位,在学生展示的过程中,教师认真倾听及时点拨、引导,关键处进行了重点强调,有效地突破了重难点。

(4)学生的展示精彩纷呈,真正展出了学生的风采,学生的能力得到了提高,个性得到了张扬。

"圆的认识"教学设计
（北师大版六年级上册）

■ 梅州市梅县区扶外小学　李　浩

一、设计理念

新课标指出："学生是数学学习的主人"，教师要"向学生提供充分从事数学活动的机会""动手实践、自主探索、合作交流是学生学习数学的重要方式"。本课例我让学生运用课前"导学案"预习，课中动手画、折、量、比等一系列课堂活动实现同学之间合作交流，共同探究圆的一些特征。整节课充满了"做数学"的气氛，将抽象的数学知识形象化，培养学生的数学意识和数学能力。

二、学案设计

阅读课本查找相关资料，完成下面问题：
（1）请你尝试用圆规或其他方法画5个大小不同的圆。（画背面）。
说说用圆规画圆的方法：＿＿＿＿＿＿＿＿＿＿＿＿＿＿＿＿＿＿＿＿
提醒：＿＿＿＿＿＿＿＿＿＿＿＿＿＿＿＿＿＿＿＿＿＿＿＿＿＿＿＿
（2）用圆规画一个半径为3厘米的圆（画背面），并用字母表示出圆心、半径和直径、并说说什么是圆心、半径、直径。
圆心：＿＿＿＿＿＿＿＿＿＿＿＿＿＿＿＿＿＿＿＿＿＿＿＿＿＿＿＿
半径：＿＿＿＿＿＿＿＿＿＿＿＿＿＿＿＿＿＿＿＿＿＿＿＿＿＿＿＿
直径：＿＿＿＿＿＿＿＿＿＿＿＿＿＿＿＿＿＿＿＿＿＿＿＿＿＿＿＿
（3）剪一个圆形，通过量一量、折一折、画一画、比一比等方法，探究下面的问题。

研究的内容	我的验证方法
半径有无数条 直径有无数条	
所有的半径都相等 所有的直径都相等	
直径是半径的两倍	

三、教学目标

1. 知识与能力目标

（1）使学生认识圆，知道圆的各部分名称。
（2）使学生掌握圆的特征，理解和掌握在同一个圆里半径和直径的关系。
（3）初步学会用圆规画圆，培养学生的作图能力。

（4）培养学生观察、分析、抽象、概括等思维能力。

2.过程与方法目标

通过操作—观察—探究—总结这一过程，让学生理解和掌握有关圆的知识，发展和培养学生数学素养。

3.情感与态度目标

数学源于生活，生活是知识的源泉，把圆的相关知识紧密结合生活实际，让学生感受圆的美。

四、教学重难点

（一）教学重点
理解和掌握圆的特征，学会用圆规画圆的方法。

（二）教学难点
理解概念，归纳圆的特征。

五、教具学具准备

导学案、圆规、白纸、剪刀、尺子。

六、教学过程

1.从生活现象出发，情境导入

同学们，认识它吗？生活中，在哪里见到过圆形？老师今天也给大家带来了一些圆。（课件出示：天坛、平静的水面丢下一颗石子，时钟，摩天轮、向日葵）有人说，因为有了圆，我们的世界才变得如此美妙而神奇，那这节课，就让我们一起，走进圆的世界，去领略其中的奥秘。

设计意图：从学生的生活经验出发，让学生感受圆在生活中的运用美和自然美，激起探究圆的欲望。

2.学习新课，认识圆

（1）学生尝试第一次画圆，从画圆中探究画图的技巧。

同学们，要认识圆，我们首先得画出一个圆。会画吗？课前，老师已经让同学们预习过画圆了，下面，请在白纸上画一个你最满意的圆。活动结束后，通过展示、评价作品，师生共同总结画图的技巧。

设计意图：学会学习，学会观察，学会评价是本节课需要培养学生的数学素养。通过学生们之间的互动，既调节了课堂学习氛围，又发展了学生能力。

（2）让学生经历第二次画圆，初步认识圆心、半径和直径。

设疑："如何才能让我们全班的同学画出的圆一样呢？谁有办法？"通过学生的回答引出圆心、半径和直径，并进行初步的了解。同时让学生经历第二次画圆，画一个半径为5厘米的圆，并在所在圆内画出圆心、半径和直径，进一步认识它们，并把它剪下来。进而师生共同在黑板完成板书，强化圆心、半径、直径的概念。

（课件出示：一个圆内画三条线段强化判断直径的概念）

设计意图：通过设疑，引出本课圆的相关概念，使学生对知识的构建由感性—理性—内化，层层递进。使学生学得主动，学得深刻。

3. 深入探究，半径与直径的关系

（1）合作学习，寻找规律。

通过了解学情，发现学生们在课前导学案学习中都能发现一个圆内的直径、半径都有无数条；半径都相等，直径也都相等；直径是半径的2倍。老师引导激发学生通过折一折、画一画、量一量、比一比的方法进行小组合作学习，充分展示自己的验证方法，寻找规律。

在同一个圆内：①直径和半径都有无数条吗？②直径都相等吗？半径都相等吗？③直径等于半径的2倍吗？

（2）分析推理，验证规律。

学生将预习成果在小组交流验证后，向全班集体展示，分享学习成果，师生共同评价精彩的验证方法。

设计意图：学生学习的过程应该是个性化和合作化相互融合的过程。学生课前的预习充分体现了个性化的学习，课中小组合作的学习方式更为学生提供了展示个性化学习成果的舞台。这个环节的设计使学生课中的学习主体性发挥得淋漓尽致。

4. 知识延伸，了解我国古代数学家研究圆的历史文化

让学生了解我国古代数学家研究圆的历史文化，《墨经》中的"圆、一中同长也"，《周髀算经》里的"圆出于方，方出于矩"，激发学生的爱国情感。

设计意图：让学生感受我国古代数学家对圆的研究，激起学生的爱国情感，为祖国骄傲，为祖国努力学习。

5. 课堂总结

你觉得圆有什么主要特征？

（1）直径和半径都有无数条。

（2）在同一个圆内（或等圆），所有的直径都相等；所有的半径都相等。

（3）在同一个圆内（或等圆），直径等于半径的2倍。

设计意图：培养学生归纳梳理知识的好习惯。同时对本课知识的内化再作一次正面强化。

6. 板书：

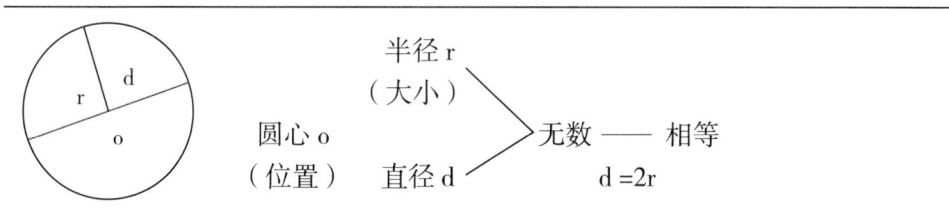

7. 课堂练习

（1）课本基础练习（课本第7页）。

试一试
我们学过的图形中哪些是轴对称图形？分别有几条对称轴？

图形名称					
有几条对称轴					

剪出图形折一折。

做一做
剪出和下面完全相同的圆、正方形和等边三角形，标出中心点A，并将各个图形分别与下面相对应的图形重合，然后沿中心点A转动图形，你发现了什么？

圆　　　正方形　　　等边三角形

练一练
1. 填表。

半径/cm	2		0.6	1.8	
直径/cm		5			8.32

2. 填一填。

圆的半径是（　），直径是（　）。
圆的半径是（　），直径是（　）。
长方形的长是（　），宽是（　）。

（2）判断。

①两端都在圆上的线段，叫作直径。（　）
②圆心到圆上任意一点的距离都相等。（　）
③半径2厘米的圆比直径3厘米的圆大。（　）
④半径都相等。（　）
⑤在同一个圆里，半径是直径的1/2。（　）
⑥在同一个圆里，所有直径的长度都相等。（　）
⑦两条半径可以组成一条直径。（　）
⑧等圆的半径都相等。（　）

七、导师点评

李老师《圆的认识》教学设计，重视问题情境的创设，力求把新知的学习建立在学生生活经验的基础上，给学生提供现实、有趣的具体情境，引导学生提出问题，组织学生讨论交流，通过营造现实有趣的学习背景，激发学生学习数学的兴趣，让学生在自然的情境中，在教师的引导下自己动手、动脑"做数学"，通过以上情境的创设引导学生在直观感知的基础上猜想出这类图形的本质属性。《全日制义务教育数学课程标准》指出："有效的数学学习活动不能单纯依赖模仿与记忆，动手实践、自主探索与合作交流是学生学习数学的重要方式。""自主学习""探究学习"与"合作学习"在《圆的认识》教学中已成为一种重要的教学组织形式，学习内容不以定论的形式直接呈现给学生，而是引导学生通过探究，发现应有的结论，让学生感受到生活中处处有数学，并在学习活动中发现数学，体会数学的美和魅力。

"圆的周长"教学设计
（人教版六年级下册）

汕尾市教育局教育教学教研室　林焕好

一、设计理念

本节课学习的内容是"圆的周长"，借助学生已有的学习经验从"圆周长意义"的理解，立足于学生的亲身体验和自由表达；"圆的周长计算公式"的建构先从学生动手测量圆的周长，再到探索圆周长和直径之间的关系，整个过程突出开放性和探索性，充分发挥学生的主体作用，从始到终让学生全方位参与；通过学生大胆猜想、动手操作、自主探索、讨论交流、统计分析，在充分感知的基础上，发现圆的周长和直径之间的关系，认识圆周率的含义，得出计算圆的周长的公式，整个探究的过程充分发挥学生的主体性，培养学生独立思考问题的能力及获取知识的能力，使学生在学习中获得成功感，树立学习数学的自信心。

二、教学内容

人教版义务教育课程标准实验教科书数学六年级上册第62～64页的内容。

三、教材分析

本节课的内容是在六年级上册学习了周长的一般概念以及长方形、正方形周长计算的基础上进一步学习圆的周长计算。教材在编排上加强了启发性和探索性，注重让学生动手操作，使学生在实践活动中通过交流、思考来探究圆的周长计算方法，逐步导出和掌握计算公式。

四、学情分析

新课标指出："数学教学活动必须建立在学生的认知发展水平和已有的知识经验基础之上。"通过前面的学习，学生已经掌握了周长的一般性概念以及长方形、正方形的周长计算方法，这为认识、概括、归纳圆的周长提供了知识基础。教学时以学生原有的经验和知识，通过知识迁移，使学生处于自主探索知识的最佳状态，经历动手操作、自主学习、探究发现的过程，形成知识技能。

五、教学目标

（1）知识与技能目标：使学生直观认识圆的周长，知道圆周长的含义，通过对圆周长的测量方法、圆周率的探索、圆的周长计算公式的推导等教学活动，培养学生观察、猜测、分析、抽象、概括、动手操作的能力和解决简单的实际问题的能力。

（2）过程与方法目标：通过摸一摸、动手操作、猜想验证等方法使学生亲历整个探索知识的过程，从而掌握圆周长计算的由来和相关知识。

（3）情感态度与价值观：通过介绍我国古代数学家祖冲之在圆周率方面的伟大成就，对学生进行爱国主义教育，激发民族自豪感，培养创新精神以及团结合作精神。

六、教学重难点

（一）教学重点

让学生利用实验的手段，通过测量、计算、猜测、验证等过程理解并掌握圆周长的计算方法。

（二）教学难点

理解圆周率的意义。

七、教学方法

引导探究、动手实践、实验猜想、自主学习。

八、教具准备

多媒体、圆片、直尺、计算器、记录单。

九、教学流程

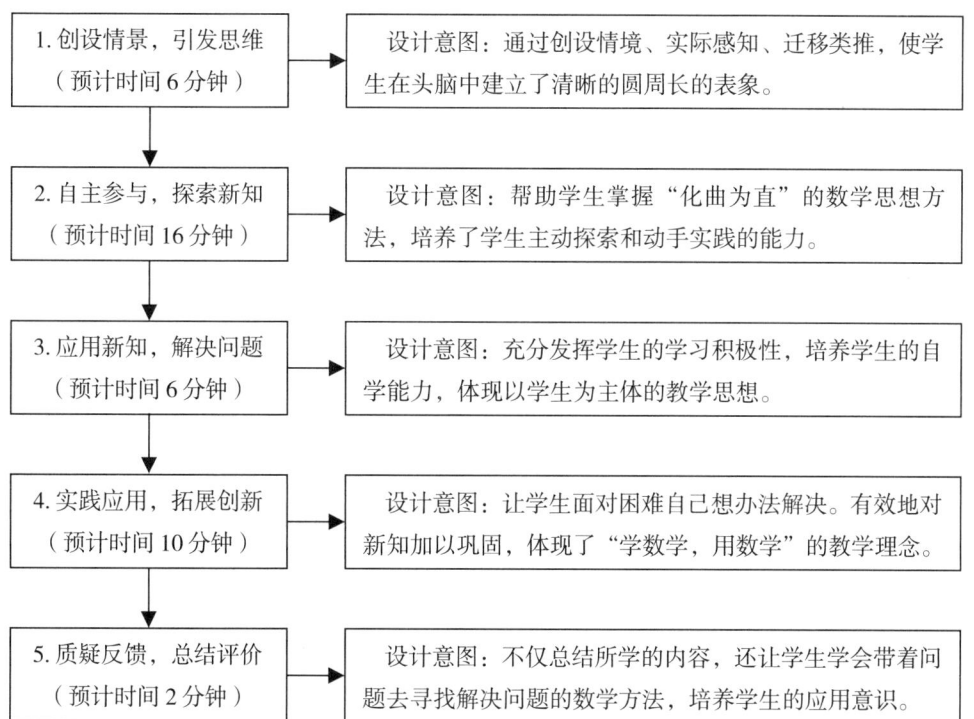

十、教学过程

（一）创设情景，引发思维（预计时间6分钟）

1. 创设情境

同学们骑过自行车吗？

（屏幕动画演示）男同学绕着正方形草坪骑自行车，女同学绕着圆形花坛骑自行车，如果同样骑一圈，猜一猜：谁骑的路程多一些？

2. 知识迁移

想要知道谁骑的路程多一些，就得知道两位同学骑一圈分别有多少米，男同学骑一圈大约有多少米，实际上就是求这个正方形草坪的什么？什么是正方形的周长呢？怎样计算正方形的周长呢？（得出：正方形的周长与它的边长有关系，周长是边长的4倍。）

要求女同学骑一圈大约有多少米，实际上就是求圆的什么呢？那什么是圆的周长？又怎样计算圆的周长呢？这节课我们就一起来研究圆的周长有关知识。（板书课题）

3. 认识圆的周长

让学生拿出自己的圆形学具，说一说什么是圆的周长。

（课件演示）圆的周长，并出示圆的周长概念。

设计意图：在直观的动画情境中，巧妙地以正方形周长的概念进行知识迁移，类推出圆周长的概念。通过创设情境、实际感知、迁移类推，使学生在头脑中建立了清晰的圆周长的表象。

（二）自主参与，探索新知（预计时间16分钟）

1. 测量圆的周长

（1）（出示铁环和直尺）圆的周长可以用直尺直接测量吗？为什么？圆的周长是曲的，那有没有办法把它变直呢？

（用手比画截断拉直）同学们想象一下，断了以后，它就变成了什么呢？

（屏幕演示）化曲为直再化直为曲。把圆这条曲线切断展开拉直以后，它就变成了一条线段。这条线段的长就是圆的周长。得出：圆的周长虽然不能用直尺直接测量出来，但是可以用展开的方法，通过"化曲为直"，测量出线段的长，就可以知道这个圆的周长。

（板书：化曲为直）

（2）（出示圆片）这个圆的周长要展开就很麻烦了，我们可以用什么方法也化曲为直测量出它的周长呢？看谁最聪明！（预设：用线去绕）师生合作用绕线的方法测量圆的周长。得出：用线绕圆一周以后，把线拉直，线的长就是圆的周长，这种绕线法同样可以化曲为直。

同桌两人相互合作，用绕线的方法测量出一个圆片的周长，精确到0.1厘米，并把结果填写在记录单上。

物体	直径	周长	
1号圆			
2号圆			

（3）（出示直尺和圆片）测量圆的周长还有其他的方法吗？（预设：把圆放在直尺上

滚动一周）

设计意图：通过层层设疑，不断给学生造成思维冲突，从而激发学生思考、发现方法。在"用直尺直接测量不方便—化曲为直—直接地化曲为直有困难，间接地化曲为直有局限性，需寻找一般化方法"的一个个矛盾的设立和解决过程中，既帮助学生掌握了"化曲为直"的数学思想方法，又培养了学生主动探索和动手实践的能力。

（动画演示）在圆上取一点作个记号，并对准直尺的零刻度线，然后将圆沿着直尺滚动，直到这一点又对准了直尺的另一刻度线，这时圆正好滚动一周。圆滚动一周的长就是圆的周长。

同桌合作，用滚动的方法测量出另外一个圆片的周长，结果精确到0.1厘米，并填写在记录单上。

（4）（在黑板上画一个圆）你们会测量它的周长吗？真的吗？谁再来试试。（预设：学生可能用线绕黑板上的圆。）有什么感觉？这就说明用绕线和滚动这两种方法测量圆的周长，存在一定的局限性。因此需要我们寻找一个一般化的方法求圆的周长。

设计意图：多媒体动画演示"化曲为直"的过程进一步发展学生的空间观念。

2. 引导发现圆的周长与直径的关系

（1）观察发现：（出示几组记录单）观察这些记录单，发现了什么？（预设：圆的直径短，它的周长就短；圆的直径长，它的周长也就长。）这就说明圆的周长肯定与圆的什么有关系？

（屏幕显示）圆的周长与直径有关系。

（2）引导探究：圆的周长与直径到底有什么关系呢？四人小组分工合作，测量一个圆片的直径和周长，并计算出几组周长与直径的比值，得数保留两位小数，把数据填写在记录单上。

物体	直径	周长	周长与直径的比值
1号圆			
2号圆			
3号圆			

小组汇报，展示结果。

从小组汇报的数据中，发现了什么？（预设：周长与直径的比值都是三点几。）这说明圆的周长与直径的比值存在着一定的规律。在我们所测量的这些圆中，每一个圆的周长都是它直径的3倍多一些！再看屏幕上大小两个圆的周长与直径的关系是怎样的？

（屏幕演示）用每个圆的直径分别去度量它们的周长。引导学生观察，得出：不管是大圆还是小圆，每一个圆的周长都是它直径的3倍多一些。如果换成其他的度量或计算，它们每一个圆的周长还是它直径的3倍多一些。可以用一句话来概括圆周长与直径的关系。

（屏幕显示）圆的周长总是它直径的3倍多一些。

设计意图：教学遵循不完全归纳法的过程，让学生在充分感知的基础上发现了圆周长与直径的关系，得出"总是"的一般性结论。学生在观察思考、既合作又分工的操作测量计算以及小组交流等不同学习方式的交互运用中，主动地参与了知识规律的形成和发现过程。

（3）自学课文，学习圆周率的有关知识。进一步明确：任意一个圆的周长与它的直径的比值是一个固定的数，叫作圆周率，用字母π表示。

（课件播放）圆周率的历史资料，了解让中国人引以为荣的历史：《周髀算经》和古代数学家祖冲之在这方面的伟大成就。

设计意图：生动的多媒体动画有效地突破了教学难点，激起了学生的积极思维。同时通过圆周率的资料介绍，让学生萌生一种自豪感，在潜移默化中受到了一次思想与情感上的熏陶。

3. 计算圆的周长

（1）（指着黑板上的圆）现在能知道这个圆的周长是多少吗？只要直接测量出它的什么就可以了？知道了直径该怎么求圆的周长呢？（预设：用直径乘圆周率，因为圆的周长÷直径＝圆周率，所以圆的周长＝直径×圆周率。）板书公式并教学用字母表示公式C＝πd。

（屏幕显示）d＝2cm，会求这个圆的周长吗？学生尝试解答，全班订正。

（2）（屏幕显示）r＝1cm，怎样求这个圆的周长呢？根据直径与半径的关系得出：C＝2πr。学生独立完成，同桌互评。

（3）（屏幕显示）计算这两个圆的周长，d＝3dm，r＝2.5dm

订正时，针对"2×3.14×2.5"怎样计算简便一些，指出在平时的计算中，可运用学过的乘法运算定律使计算简便些。

设计意图：通过让学生思考、分析，发现并总结规律，使学生学会学习的方法。

（三）应用新知，解决问题（预计时间6分钟）

出示例1（屏幕显示）第一个问题。

学生自主完成，全班订正。

（屏幕动画演示）要求绕花坛一周车轮大约转动多少周，还需要什么条件？可以怎么做呢？

生尝试解答，教师讲评。

（四）实践应用，拓展创新（预计时间10分钟）

1. 基础练习。

（1）一个圆的直径5cm，它的周长多少厘米？

（2）一个圆的半径5cm，它的周长多少厘米？

同桌互评。

2. 判断题。

（1）π＝3.14。（　　）

（2）圆的周长总是直径的π倍。（　　）

（3）大圆的圆周率大于小圆的圆周率。（　　）

学生讨论交流。

3.（屏幕显示）课始的片段：同样骑一圈，谁骑的路程多一些？如果正方形草坪的边长和圆形花坛的直径都是30m，能猜出谁骑得多一些？

学生尝试解答，再交流。

4. 拓展延伸。

（屏幕动画演示）小狗沿着大圆跑，小兔沿着两个小圆绕8字跑，谁跑的路程近？为什么?

设计意图:始终把学生放在学习的主体地位,让学生面对困难自己想办法解决。练习题设计目的明确,层次清楚,有效地对新知加以巩固,体现了"学数学,用数学"的教学理念。

(五)质疑反馈,总结评价(预计时间2分钟)

总结:通过这节课的学习,我们掌握了哪些知识?以你们的经验,生活中还有哪些类似圆周长的实际问题?

设计意图:这样不仅总结所学的内容,还让学生学会带着问题去寻找解决问题的数学方法,培养学生的应用意识。

(六)板书

圆的周长

化曲为直　　　　　任意一个圆的周长与它的直径的比值
　　　　　　　　　是一个固定的数,叫作圆周率,用字母π表示。
　　　　　　　　　C=πd 或 C=2πr

十一、导师点评

该节课教学目标清楚明白、具体,易激发兴趣。引导学生自主探究、合作交流、练习设计体现知识的综合运用,形式多样,分量与难度适中,学法指导得当,是一节很成功的课。

数学综合与实践"打电话"教学设计

（人教版五年级下册）

清远市清城区凤鸣小学 林 琛

一、设计意图

通过创设"打电话"这一与学生生活经验紧密结合的情境，让学生尝试在解决问题的过程中，经历从多种方案中从优化的角度寻找最佳方案，通过动手操作、画图、模拟等方式发现事物隐含的规律，建构解决问题的模型。进一步体会数学与生活的密切联系，以及优化思想在生活中的应用。

学生能够联系生活实际及已学过的知识来设计方案，但是否能找到最优的方案，发现事物隐含的规律，是重点也是难点。所以本节课让学生亲身经历寻找最优方案的全过程，在理解的基础上再运用优化的思想寻找方案，建构解决问题的数学模型。

二、学案设计

板块一：找规律填数

（1） 2 、 4 、 6 、 8 、（   ）、（   ）

规律是：_____

（2）

（圆圈中数字：16 2 32；21 2 42；31 4 ；17 6 ）

规律是：_____

（3）

| 2 | 4 | 8 | 16 | | | |

规律是：_____

板块二：我会画图

打电话通知三位同学回校，你会怎样通知，请用图形表示你的方法。

三、教学目标

（1）使学生经历有目的、有计划、有步骤的实践活动过程，积累数学活动经验。

（2）学生通过画图、列表等方法探究打电话的最优方案，发现事物隐含的规律，建构解决问题的模型，培养解决问题的能力，体会数形结合、推理、优化、建模等数学思想。

（3）使学生体验数学与生活的密切联系，感受数学的魅力。

四、教学重难点

（一）教学重点
探讨最优化的方案、建构数学模型。

（二）教学难点
通过画图的方式探究规律。

五、教学实施设计

（一）学习过程

1. 开门见山、温故引新

师：孩子们，还记得上学期我们学习的沏茶和烙饼问题吗？怎样沏茶才能让客人尽快喝上茶呢？

课件出示：

生：烧水的时候准备茶叶、清洗茶杯，这样比较节省时间。

生：不要有空余的时间就可以尽快让客人喝上茶。

小结：生活中的小事情如果从数学的角度去思考，你会发现其中有着大学问，今天这节课，我们也一起来研究打电话这件小事情，看看能不能从这件小事情中发现大学问。

出示课题：打电话

设计意图：从生活经验看，学生已经具有打电话通知他人的生活经验。从知识经验看，学生在四年级已经通过学习"烙饼问题""沏茶问题"等日常生活的简单实例，形成了初步的优化思想的意识，已有在解决问题的过程中寻找优化方案的经验。这与打电话如何节省时间的问题是一致的，都需要引导学生抓住问题的本质进行猜想。因此，采用谈话导入的方式，唤醒学生已有的学习经验，为本节课的学习打下铺垫。

2. 自主探究、建构模型

（1）化繁为简、初步感受优化策略。

课件出示：

明确问题：林老师想通知3位同学回学校，用打电话的方法，每分钟通知1人，需要多长时间？你是怎么想的？

生：3个人一个一个地通知，一共3分钟。

师：一个一个地通知，我们可以说是逐个通知，（板书：逐个通知）谁有办法用简单的办法把这位同学的想法记录下来，让我们一眼就看得明白。

生：用圆形表示老师，三角形表示学生，连线。

师：画图是个好办法，如果在这个连线上再标明时间，那么时间和顺序就一目了然啊，真好。还有不同的想法吗？

生：老师先通知一个同学，然后这个同学和老师一起通知另外两个同学，这样只要2分钟。

师：能把你的想法也像这样画出来吗？你的办法比刚才的方法节省了一分钟，这一分钟从哪里来？

生：两个人一起通知。

师：也就是说，知道消息的人不闲着，都帮忙通知，时间就节省了。这个过程中大家都不闲着，我们可以说无空闲通知。（板书：无空闲通知）照这样继续通知下去，下一分钟就可以通知4个人了，3分钟之内就能通知7个人了。

小结：都是3分钟，策略的不同，效率相差很远。看来，做事情之前开动脑筋想个好方案很重要。

设计意图：在解决通知15人回校这一较困难的问题之前，先引导学生思考通知3人回校这一较简单的问题，引导学生用符号语言表达自己的思路，并明晰可以逐一通知，也可以采用无空闲通知的方法，为接下来解决较复杂的问题打下铺垫。

（2）小组合作、探究规律。

师：真是善于思考的孩子，老师想请大家帮个忙，请看。

课件出示：

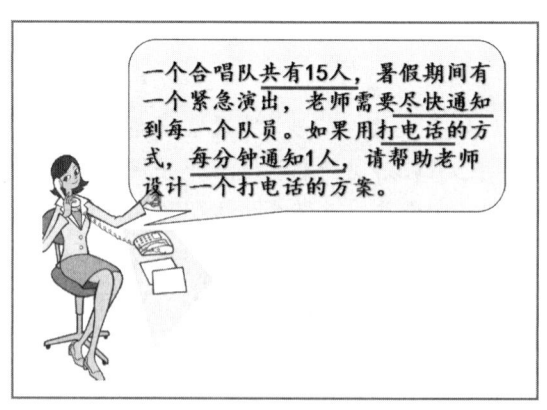

暑假期间有一个紧急的演出任务，老师要尽快通知合唱队的15位同学回校，如果用打电话的方式，每分钟通知1人，你能设计一个打电话的方案吗？

师：孩子们，好好分析分析，哪些信息很关键。

生：要通知15人。

生：紧急任务，说明要快。

生：用打电话的方式通知，一分钟只能通知一个人。

师：同学们都说得很好。下面，请先想一想你打算怎样设计这个打电话的方案。然后和你的小组成员说一说你的想法，最后用你喜欢的方法设计一个打电话的方案，可以独立设计，也可以和同桌合作完成。

课件出示：设计一个打电话的方案，要求：①组内说一说你打算怎样打电话。②在纸上用自己喜欢的方法设计打电话的方案。

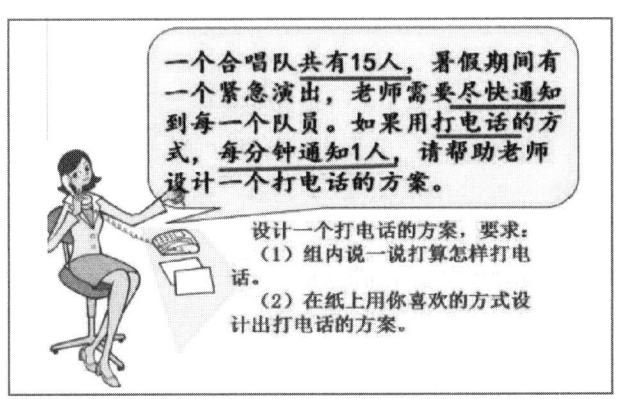

（3）展示交流。

学生分小组交流，教师巡视指导。

①学生汇报分组通知方案。

师：告诉大家，你们一共用了多长时间？怎么做的？

学生汇报并与同学交流。

师：你们听明白了吗？有什么问题要问吗？

②学生汇报无空闲通知，教师引导学生将知道消息的人数填写入表格。

时间	1	2	3	4		
知道消息的人数	2	4	8	16		

（4）寻找规律。

师：用时最短的是4分钟，尽管图形不同，形状各异，学数学的人，特别会透过现象看本质，你们有没有发现共同的地方？

生：都没有空闲的人。

师：为什么都采用无空闲的策略呢？

生：这样节省时间。

师：孩子们，我们一起看看这些数据，你发现什么？

生：接到通知的人数是知道人数的两倍。

（5）分析比较。

师：有没有同学用逐一通知的方法？如果用这种方法要多长时间？

师：孩子们，如果只是老师一个人通知，15个人需要15分钟，如果通知3人再分组通知，还是需要7分钟。看来要想尽快通知到每一个人，关键是要做到每一个接到通知的队员都不空闲。

（6）完善方案。

思考：要使这个方案切实可行，我们还要做什么呢？

引导学生明确：还要明确通知的先后顺序，这样这个方案才算是完善的。

设计意图：让学生通过动手操作、画图、模拟等方式，合作探究，亲身经历寻找最优方案的全过程，发现事物隐含的规律，建构解决打电话通知一类问题的模型。

3. 运用规律、拓展延伸

（1）运用规律。

师：按照这种方式继续通知，第5分钟最多可以通知多少人呢？第6分钟呢？如果继续通知下去，如果合唱团有50人，最少花多长时间通知？你是怎么想的？

引导学生运用规律解决问题。

师：在解决简单问题时认真思考，总结出规律，那么我们遇到稍复杂的问题时，就可以轻松地学以致用，这是一种学习的好办法。

师：第15分钟通知到的人数将达到（32767）人，看到这个数据你有什么感受？

小结：这种数据增长的方法在数学上称为几何级数增长。

设计意图：运用发现的规律解决问题，让学生感受模型能够帮助快速解决问题，并进一步巩固模型。

（2）拓展延伸：数学小故事。

在印度有一个古老的传说：舍汗王打算奖赏国际象棋的发明人——宰相西萨班达依尔。国王问他想要什么。他对国王说："陛下，请您在这张棋盘的第1个格子，赏给我1粒麦子，在第2个小格子里给2粒，第3小格里给4粒，以后每一小格都比前一小格多1倍。请您将这样摆满棋盘上所有64格的麦粒，都赏给您的仆人吧！"国王觉得这个要求太容易满足了，就命令给他这些麦粒。当人们把一袋一袋麦子搬来开始数时，国王才发现：就是把全印度甚至全世界的麦粒都拿来，也满足不了那位宰相的要求。 那么，宰相要求得到的麦粒到底有多少呢？

设计意图：再次让学生感受到数据倍增的神奇魅力，感悟智慧是在掌握丰富的知识前提下生成的。

4. 谈收获

师：你设计的方案可行吗？设计方案有什么好处呢？小组合作的过程中你哪些方面表现特别突出？

5. 全课总结

生活中许多看似很复杂、很费时间的事情，利用数学知识去合理地安排，不仅会使事情进行得有条不紊，还能够节省出宝贵的时间。希望同学们把今天学到的知识用到生活中，做一个有计划、讲效率的人。

设计意图：通过自我评价，生生交流、师生交流，引导学生回顾并梳理学习的方法及反思自己学习过程中的得与失，进一步感受数学优化的魅力，感受数学的神奇。

（二）板书设计

打电话

	无空闲通知	分组通知	逐一通知
通知3人：	2分钟		3分钟
通知15人：	4分钟	6-7分钟	15分钟

时间	1	2	3	4	5	6	7	8	9	10	11	12	13	14	15
知道消息的人数	2	4	8	16	32	64	128	256	512	1024	2048	4096	8192	16284	32568

六、导师点评

（一）在碰撞交流中，感悟优化思想

本节课，教师把主动权交给学生，提出问题之后，给学生充分的时间独立思考、画图、交流，鼓励学生从多种角度思考解决问题的策略。在反馈交流的过程中，让学生在互动中充分展示自己的想法，学生畅所欲言，想说就说，有争有辩大胆地运用语言、符号、图形等不同形式表征自己的思考过程。教师从旁在适当时机引导学生在交流的过程中不断"优化"自己的设计方案，逐步感悟优化思想。整个学习过程，全体学生参与研究与实践，在愉悦的环境中探索知识，充分体现了活动课的"活动性、自主性、参与性"，让不同层次的学生在活动中得到不同的发展。

（二）在问题解决中，建构模型思想

数学模型思想是一种极为重要的数学思想方法，它对于学生学习和处理数学问题有着

极其重要的影响。因此，建构和掌握数学模型化方法，是培养学生创新精神、实践能力的一种最有效的途径。本节课，教师引导学生通过从解决简单问题入手，引导建构数据倍增的数学模型，感受数学模型的神奇魅力，并引导学生运用模型解决数学问题，这个过程设计自然、流畅，学生充分感受到数学模型的魅力，充分调动起学生今后继续探究的热情。

"分数除以整数"教学设计

（人教版六年级上册）

■ 东莞外国语学校　王金发

一、设计理念

《分数除以整数》是学生学习了分数乘法的意义和计算方法的基础上进行的，是分数除法教学的起始课。这节课有两部分内容：第一部分是分数除法的意义，这部分知识并不难，可以在整数、小数除法意义的基础上迁移理解。第二部分是分数除以整数的计算法则，学生对此也不会有太多的障碍。但是如何在学生的学习起点上，引导他们进行转化、迁移，探究算法的多样化，最后通过对比、交流，自主优选出基本方法，这是需要关注的着力点。为了让学生有更多的探究时间和空间，在教学的设计上，我对教材进行了创新处理，使例题呈现出的探究信息更具探究空间，让学生主动参与到探索和交流的数学活动中来。

二、导学设计

《鸡兔同笼》

问题：分数除以整数，可以怎么做？可以举例子说明。

三、教学目标

（1）使学生在对比、迁移中理解分数除法的意义与整数、小数除法的意义相同，就是已知两个因数的积与其中一个因数，求另一个因数的运算。

（2）通过学习探究，在算法多样化的基础上自主优化计算方法，掌握分数除以整数的基本计算方法，并能正确地进行计算。

（3）积极引导学生参与探究学习，在学习活动中培养学生知识迁移能力和策略的优化能力，进一步促进学生的合作、交流意识，培养乐于探究的精神。

四、教学实施设计

（一）学习过程

1. 方法探究　互动生成

（1）算法多样化。

分数除法的计算方法是怎样的呢？今天我们先来探究一下分数除以整数的计算法则，看看谁更会动脑筋，好吗？（板书课题）

①出示例题：把一张纸的 $\frac{4}{5}$ 平均分成2份，每份是多少？

师：你会列式吗？为什么这样列式？

②引导探究：$\frac{4}{5} \div 2$ 等于多少呢？你是怎么想的？请同学们开动脑筋，用学过的知识帮助，也可以画图、折纸帮助。开始吧！

③逐层探究

根据对学生的了解预设几种情况：

方法一：根据题意折纸或者画图表示

方法二：利用分数单位思考

把 $\frac{4}{5}$ 平均分成 2 份，就是把 4 个 $\frac{1}{5}$ 平均分成 2 份，每份是 2 个 $\frac{1}{5}$，就是 $\frac{2}{5}$。

$$\frac{4}{5} \div 2 = (4 \div 2)/5 = \frac{2}{5}$$

方法三：根据算式的意义思考

把 $\frac{4}{5}$ 平均分成 2 份，就是求 $\frac{4}{5}$ 的一半是多少？也就是 $\frac{4}{5} \div 2 = \frac{4}{5} \times \frac{1}{2} = \frac{2}{5}$。

方法四：转化成小数

$$\frac{4}{5} \div 2 = 0.8 \div 2 = 0.4$$

（2）归纳整理。

（3）自主体验优化。

$$\frac{6}{100} \div 2 \qquad \frac{10}{11} \div 5 \qquad \frac{7}{12} \div 4$$

讨论：在练习中你们发现了怎样的情况？哪一种方法比较适用？具有普遍性？

2. 观察比较 归纳法则

$$\frac{4}{5} \div 2 = \frac{4}{5} \times \frac{1}{2} = \frac{2}{5}$$

（1）观察：前后对比，你发现什么变了？什么没有变？（被除数不变，除号变成乘号，除数变成它的倒数。）

（2）归纳分数除以整数的计算方法：分数除以整数，等于分数乘以这个整数的倒数。

（3）剖析概念：0 除外；除以变乘以；整数变整数的倒数。

3. 巩固练习 深化认知

（1）用你发现的规律填空，不计算。

$\frac{8}{9} \div 5 = \frac{8}{9} \times (\quad)$ $\frac{7}{12} \div 2 = \frac{7}{12} \bigcirc (\quad)$

$\frac{9}{10} \div 3 = (\quad) \times (\quad)$ $\frac{3}{8} \div 2 = (\quad) \bigcirc (\quad)$

（2）基本计算

$\frac{8}{9} \div 4 = \qquad \frac{6}{13} \div 4 = \qquad \frac{11}{12} \div 11 = \qquad \frac{15}{28} \div 30 =$

（3）简单应用

①已知两个因数的积是 $\frac{2}{5}$，其中一个因数是5，求另一个因数？

②一个正方形的周长是 $\frac{24}{25}$ 米，它的边长是多少米？

（4）想一想：如果 a、n 各为不为0的自然数，那么 $\frac{b}{a} \div n =$

4. 全课小结 拓展升华

今天学到了什么？有什么感受？根据分数除以整数的计算法则，你能对分数除以其他数的计算提出大胆的猜想吗？

（二）板书

分数除以整数

方法一：根据题意折纸或者画图表示   方法二：利用分数单位思考

$$\frac{4}{5} \div 2 = (4 \div 2)/5 = \frac{2}{5}$$

方法三：根据算式的意义思考   方法四：转化成小数

$\frac{4}{5} \div 2 = \frac{4}{5} \times \frac{1}{2} = \frac{2}{5}$。 $\frac{4}{5} \div 2 = 0.8 \div 2 = 0.4$

分数除以整数，等于分数乘以这个整数的倒数。

五、导师点评

算法多样化是学生个性化学习的追求，但是算法多样化，也会造成困惑，有些解法虽然可行，却具有局限性。《整数除以分数》可以有多种算法，但是真正哪一种方法具有普遍性呢？这是我们教师需要引导的事情。王老师引导学生自行探究了画图法、根据算式的意义思考、转化为小数进行计算等，这些算法都是学生自主探究的，在计算分数除以整数时经历了算法多样化后，王老师进一步创设各种情境，通过各种实际情境的计算，让学生体验各种计算方法在不同情境中的局限性，从中引导学生思考，哪一种方法才是具有普遍意义的呢？通过对比、思考，自主体验出了各种方法的优点与不足，给算法优化一个理由，从而顺理成章地实现"算法多样化后的优化"，有效推动后续学习，也在保证了学生个性化学习的同时，兼顾了算法的优化，提高了效率。

"平行四边形的面积"教学设计

（人教版五年级上册）

东莞市教育局教研室　陈晓燕

一、设计理念

平行四边形的面积是五年级上册第六单元"多边形的面积"的起始课，是平面图形面积公式推导课型中的"种子课"。在此之前，学生已学习了长（正）方形面积计算公式，但长（正）方形面积公式的推导用的是实验操作和不完全归纳法，而本节课公式的推导则是"转化"思想，即将平行四边形转化为已学的长方形，通过长方形面积公式推导得出平行四边形面积计算公式。

在本节课中，"转化"思想的把握，特别是"转化"的一般思维步骤的掌握将是整个单元学习的基础，后续三角形、梯形以及圆等平面图形面积公式的推导，都采用了同样的方法，差别只是实现"转化"的具体方法不同。因此，本节课的教学，重点在于如何实现"种子课"的功能——帮助学生经历"转化"的全过程，了解转化的基本思路，把握转化三要素，从而掌握转化思想并实现方法的有效迁移与应用（为后续学习奠定方法论基础）。基于以上分析，本节课的设计理念是让学生经历过程、把握"转化"的三个基本步骤，为学习方法的迁移打下坚实的基础。

二、学案

板块一：初步感知转化思想

（1）课前回顾"曹冲称象"的故事。

（2）试一试：求下列图形的面积。

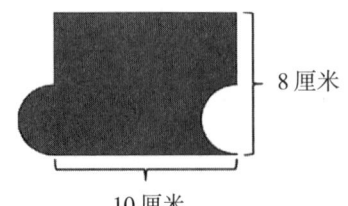

板块二：猜想平行四边形的面积计算公式

（1）长方形的面积计算公式是_____

（2）猜一猜：平行四边形的面积计算公式可能是_____

（3）想办法验证你的猜想。

板块三：公式推导—把握转化一般步骤

（1）你想把平行四边形转化成什么图形？为什么？

（2）怎样转化？——动手做一做

（3）转化后，观察并思考：

①剪拼后的长方形与原来的平行四边形相比，什么变了？什么没变？
②剪拼后的长方形的长和宽与原来的平行四边形的什么有关？
③平行四边形的面积公式应该是怎样的？为什么？

板块四：公式应用——巩固提升

（1）看图求平行四边形的面积。

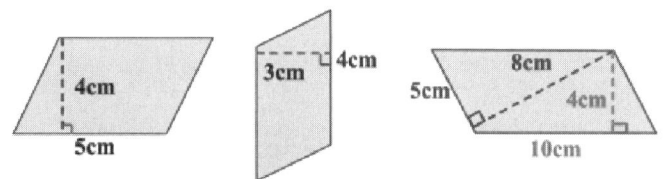

（2）比一比：下面每组中两个图形面积的大小。

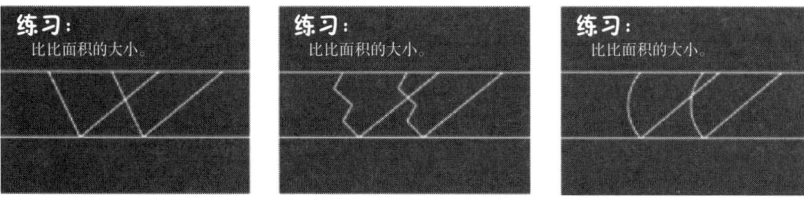

三、学习目标

（1）通过猜想、验证、操作、交流、归纳等数学活动，探索并掌握平行四边形的面积计算公式，解决相应的实际问题。

（2）经历平行四边形面积公式由"猜想—验证—结论"的探索过程，感悟科学研究的一般方法，把握转化三要素，进一步掌握转化思想。

四、教学实施

（一）学习过程

1.初步感知——播撒转化思想的种子

（1）（动画演示）曹冲称象的故事：把大象转化为石头，重量不变。
（2）不规则图形的面积计算：把不规则图形转化成熟悉的长方形。

小结：我们可以把未知的知识转化成已知知识，把不熟悉的内容转化为熟悉的内容。今天我们再用这种"转化"的方法，一起来研究一个新的数学问题。

 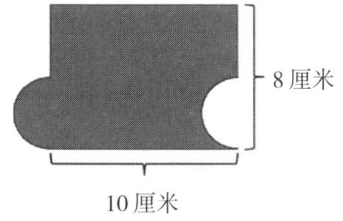

2.猜想平行四边形的面积计算方法

（1）复习回顾长方形面积计算。

①（黑板上出示长方形教具）同学们请看，这是一个长方形。一般用 a 表示长，用 b 表示宽，谁能说一说这个长方形的面积是怎样计算的？

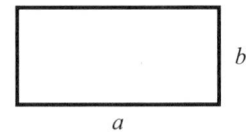

②根据学生的回答板书：$S_{长方形}=长×宽$，$S=a×b$。

（2）引发猜想，导入新课。

①推一推，猜一猜。请同学们注意看，老师把这个长方形向右推一推，它现在变成了一个什么图形？

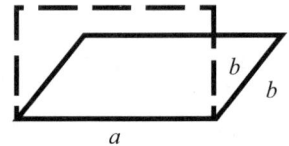

这样一推，a 的长度变了吗？b 呢？

我们已经知道长方形的面积是用 $a×b$ 来计算，现在把长方形推动变成平行四边形，但 a 和 b 的长度都没变，你认为平行四边形的面积又该怎样计算呢？

学生猜想并发表自己的看法。

②导入新课。

有的同学说它的面积就是"$a×b$"，理由是 a 和 b 的长度都没有变化，但又有同学认为是"底×高"？到底平行四边形的面积该怎样计算？我们一起来研究。（板书课题：平行四边形的面积）

3.探索平行四边形面积的计算方法

（1）否定"平行四边形的面积=$a×b$"的结论。

①请认为"平行四边形的面积≠$a×b$"的同学说理由。

学生将平行四边形继续推动，直至变得更小，能直观看出平行四边形的面积小于长方形的面积之后，说明理由：很显然，推动以后的平行四边形的面积和原来的长方形的面积大小不相等，长方形的面积是 $a×b$，平行四边的面积肯定比 $a×b$ 小，所以不可能是 $a×b$。

②在学生的推理、解释下，教师进一步结合操作，点拨、强化，让全班达成共识，从而否定"平行四边形的面积=$a×b$"这一结论。

（2）运用转化推导公式。

既然不能用 $a×b$ 来表示平行四边形的面积，那刚才同学们说的"底×高"又对不对呢？能像刚才一样想办法验证它吗？

①小组讨论。

我们能不能像课前的小游戏一样，把平行四边形转化成我们学习过的图形？

如果可以，你认为应该转化为什么图形？为什么？

如何转化？

②动手操作。

根据老师提供的学具（多个同样的平行四边形纸片），按照你们的讨论意见，动手试一试。

学生动手将平行四边形转化为长方形。

③汇报展示。

是否转化成功？具体操作方法。（教师注意引导和强化：A.转化的方法——剪拼；B.沿高剪。）

学生在展示过程中，可能会有以下几种不同的方法：

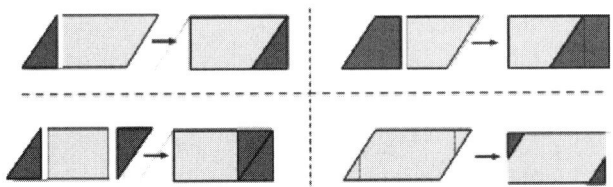

通过问题"为什么要沿高剪"强化"剪拼"的具体方法。

④观察联系，推导公式。

每个组都将平行四边形转化成了长方形，是否就能证明"平行四边形的面积 = 底 × 高"呢？

出示思考题：

A.剪拼后的长方形与原来的平行四边形相比，什么变了？什么没变？

B.剪拼后的长方形的长和宽与原来的平行四边形的什么有关？

C.平行四边形的面积 =_____ 。为什么？

⑤小组代表汇报，总结归纳计算公式。

我们用"转化"的方法，把平行四边形转化成以前学过的长方形，在转化的过程中它们的形状变了，但面积的大小不变。并且我们通过观察发现：长方形的长相当于原来平行四边形的底，长方形的宽相当于原来平行四边形的高，因为"长方形的面积 = 长 × 宽"，所以，我们推出：平行四边形的面积 = 底 × 高。用字母来表示是 $S=ah$（板书公式：$S=ah$）

（3）回顾过程，总结方法。

①回应猜想。刚才是哪些同学猜对了？掌声送给他们。

②深化提升，再次体验平行四边形的面积跟底与高有关。

教师再次推动平行四边形框架：

从大到小。面积越变越小，因为底不变，高不断地缩小。

从小到大。面积越变越大，因为底不变，高不断地扩大。

回到长方形，这时的面积是最大的，再向左推面积又逐渐变小。

③回顾过程，总结方法。

我们一起回忆一下我们是怎样得到平行四边形的面积计算公式的：

首先，我们根据长方形的面积计算公式进行猜想（板书：猜想）

然后，运用推理，否定了"平行四边形的面积 $=a \times b$"这个猜想。（板书：推理否定）

接着，我们通过将平行四边形转化为长方形，找联系，证明了"平行四边形的面积 = 底 × 高"，从而得到平行四边形的面积计算公式。（板书：转化、证明）

在转化的过程中，我们具体用了什么方法？要注意哪些问题？

（转化成什么图形；怎样转化——剪拼；找转化前后的联系）

小结：猜想—验证—结论，是一种重要的研究方法，很多时候我们都会用到；转化也是一种重要的思想方法，当我们在遇到新问题或没办法解决的问题时，我们就可以想想能否将其转化为我们学过的、能解决的问题，然后解决它。

4.公式应用与巩固

（1）学生尝试完成例1。

①课件出示例1：请同学们在你的练习本上做一做。

②请一学生上黑板演示并讲评。

（2）看图求平行四边形的面积。

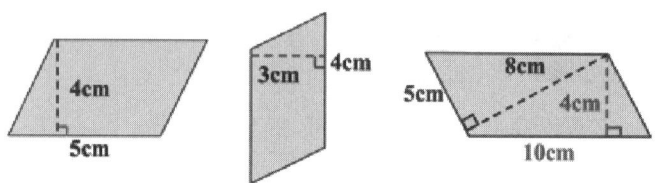

（3）比一比：下面每组中两个图形面积的大小。

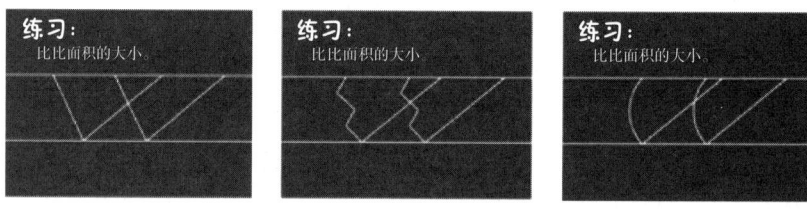

（二）板书

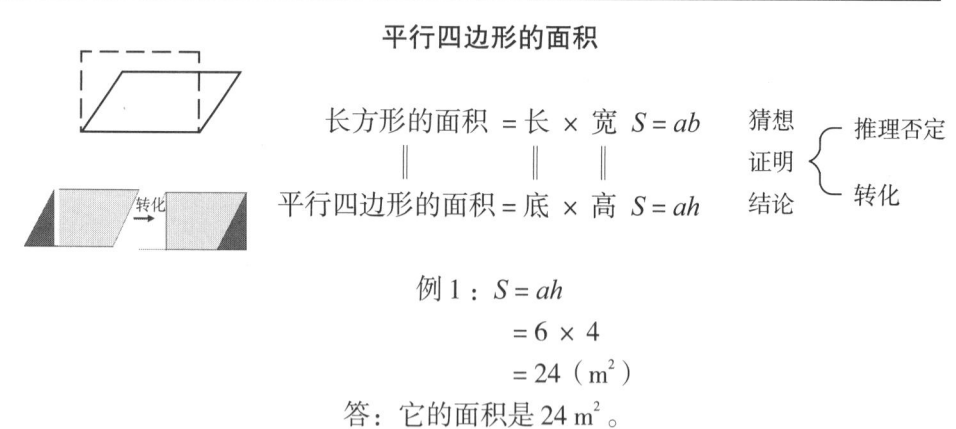

五、导师点评

该教学设计超越了对教学内容简单掌握与教学，立足于教学内容背后的逻辑安排，有利于对整个小学数学教学的把握和知识点的串接。

知识点选择得当，整个学案设计贯彻了对"转化"数学思想的重视和实现，有助于帮助学生对后续较为规则的平面图形面积计算公式的推理。

学案设计中提出的"为后续学习奠定方法论基础",这点非常好。

具体教学活动安排也很合理、周详。从曹冲称象的重量"转化"类推到面积转化挺好,如果有直接的面积转化故事,是否会更好?

"平行四边形的面积"教学设计

（人教版五年级上册）

■ 中山市五桂山学校　李宇韬

一、设计理念

以经历数学思维过程和公式的基础应用为主要学习内容；以概念作为思考解决"求平行四边形面积"这一问题的切入点，从"面积"的概念理解入手引出求图形面积的一般方法，为数格子求平行四边形面积的合理性作铺垫；以相关联的知识作为猜想"平行四边形面积计算方法"的主线索，在猜想平行四边形面积公式时适时回忆长方形面积公式，结合两者的图形特征，初步提出猜想；从特殊到一般，通过实例提出"平行四边形面积"计算方法，通过在方格纸上所画任意平行四边形的数量之间的关系，提出面积计算方法。

二、学案

（一）课前学习单

三年级下学期我们学习了面积和面积单位，并学会长方形和正方形的面积计算公式。你还记得它们吗？

（1）你能举例说说什么是面积吗？

（2）常用的面积单位有（　　　　）。

（3）面积单位通常是以正方形为标准，例如"1平方厘米"是指边长为（　　）的正方形的大小。

（4）你知道下面长方形的长、宽和面积分别是多少吗？（小方格的面积为1平方厘米）

这个长方形的长是（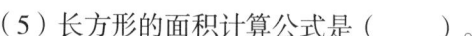），宽是（），面积是（　　　　）。

（5）长方形的面积计算公式是（　　　　）。

（二）平行四边形面积计算公式课堂探索单

下面小方格的边长均为1厘米，信封中的平行四边形与下面方格图中的平行四边形完全一样。

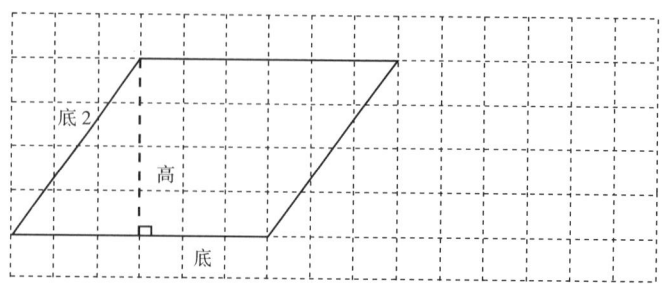

（1）将上面方格图中平行四边形的数据填在下表：

平行四边形	面积	底	高	底2

（2）不改变面积，想办法把平行四边形纸片转化成一个长方形，将转化后的长方形相关数据填入下表：

长方形	面积	长	宽

（3）观察原来的平行四边形和转化后的长方形，你发现它们之间有哪些数据相等？在上面两个表格中画线连一连。

（4）你认为平行四边形的面积计算公式是：
平行四边形的面积＝（　　　　　）

三、学习目标

（1）掌握平行四边形面积计算公式，理解平行四边形面积计算公式中高与底的对应关系，在具体情境中了解"等底等高的平行四边形面积相等"，能运用公式解决一般的实际问题。

（2）让学生在探索平行四边形面积计算公式的过程中经历数学思维的过程，积累基本数学活动经验：启发学生根据"面积"概念内涵利用数方格方式估测平行四边形面积，并将这一方法用以检验自己的猜想；引导学生根据平行四边形图形特征，参考长方形面积公式，猜想平行四边形面积计算方法；通过操作、计算等方法验证自己的猜想；通过动手操作，将平行四边形转化为长方形推导、验证面积计算公式。

（3）在运用数学知识和方法解决问题的过程中，认识数学的价值。初步养成乐于思考、勇于质疑、言必有据等良好品质。

教学重点：经历平行四边形面积计算公式的探索过程，掌握平行四边形面积计算公式的基本应用，提升数学思维品质。

教学难点：发现转化前后平行四边形与长方形之间的等量关系。

四、教学实施

（一）学习过程

1. 变化图形，产生认知冲突

（1）在概念理解中回顾平行四边形图形特征。

课件出示：平行四边形

师：看到这个课题你想到什么？

引导学生回顾平行四边形图形特征：两组对边分别平行且相等。

呈现平行四边形框架教具，强化"对边"。

(2)在图形对比中产生认知冲突。

师:刚才有同学说到平行四边形容易变形。瞧,一不小心,这个平行四边形框架就变成长方形了。

师:猜一猜,两个图形的周长和面积有什么变化?

引导学生讨论,发现两个图形的周长没变,面积是否发生变化将是学生的认知冲突。

师:平行四边形的面积指的是什么?(将平行四边形纸片贴上)

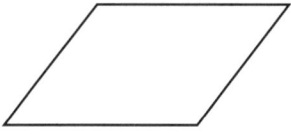

(课件出示:平行四边形的面积)

师:这节课我们就研究平行四边形的面积。(板书课题)

2.联系旧知,猜想面积计算方法

师:会算平行四边形面积吗?

(估计有部分学生会说出公式,引导学生探究公式是如何来的)

(1)解读概念,"数"出面积。

师:关于面积,我们学过哪些内容?

生:面积、面积单位、长方形和正方形的面积。

师:1平方厘米是多大?通常以什么图形为标准?(边长为1厘米的正方形的大小)规定了面积单位有什么好处?(统一标准,测量图形的面积)

师:你能用学过的方法求出这个平行四边形的面积吗?

引导学生用面积单位"数"出面积。

(课件:先出示平行四边形,再出示面积单位、方格)引导学生"数格子"的本质就是用面积单位测量图形的面积。

师:不满一格的怎么办?(按半格计算)

(课件:先数满格再数半格,求出平行四边形面积约24平方厘米)

师:这种数法得到的面积是准确的吗?(是估测的,约为24平方厘米)

(2)结合图形特征,猜想面积计算的关键要素。

师:不数方格,怎样准确计算平行四边形的面积?要准确计算,需要测量平行四边形哪些数据?

可以从长方形面积=长×宽,引导学生发现需要测量"底""高""邻边"(底2)等数据。

师:根据刚才估测的面积,和测量到的这些数据,猜想一下,平行四边形面积会怎样计算?

(预计绝大多数学生会说到"底×高",激发他们验证的探究兴趣)

3.等积转化,验证猜想

(1)分析转化思路.。

师:平行四边形面积为什么是"底×高"?如何用我们学过的知识来证明?

引导学生讨论如何验证。

师：我们学过哪种图形的面积计算公式？

生：长方形面积＝长×宽。

师：如果要从学过的知识中寻找解决方法，你想怎么做？（引导学生将平行四边形转化为长方形）

师：转化时要注意什么？（不能改变面积的大小）

（2）动手操作，推导计算公式。

课件出示：不改变面积大小，把平行四边形转化成长方形进行思考。

探索要求：小组合作，动手操作，填写"探索平行四边形面积计算公式"导学单（见前学案）。

（记录转化前后的图形数据；将平行四边形转化为面积相等的长方形；分析转化前后的等量关系；推导公式）

（3）汇报交流，明晰推导过程。

学生汇报后，引导其他学生提问：沿着哪里剪开？为什么是高？一定是这条高吗？

师：有不同意见吗？（引导学生剪拼方法不同，关键是沿着平行四边形内的高剪，沿哪条高剪，都可以）

演示不同剪法时，标上黑板上平行四边形的底、高，演示剪拼过程。

学生汇报结束后，课件演示：沿着高剪开，将剪下的三角形向右平移，拼成一个长方形。观察原来的平行四边形和转化后的长方形，它们有哪些数量是相等的？面积为什么相等（剪拼的过程中没有改变面积大小）；底与长为什么相等？（剪下后，底成为两部分，这部分平移到右边后，长方形的长仍然是由这两部分接起来的）；高与宽为什么相等？（在长方形中，两条宽相等，它们正好是平行四边形的高。）——本环节视学生汇报情况而定，如果学生汇报得好则不用课件演示。

过程中同步板书：

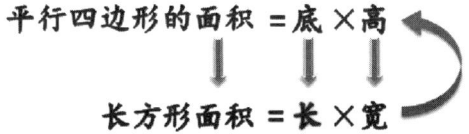

（4）总结转化方法，体验转化价值。

师：我们将平行四边形面积计算的新问题转化为长方形面积的旧问题，不仅解决了问题，还推导出新的知识。这是非常重要的数学学习方法，希望同学们以后的学习中常用转化来解决问题。（在板书上补上"转化"与"推导"）

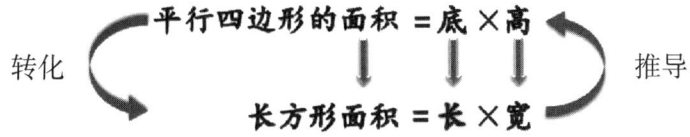

4. 运用知识，解决问题

（1）基本应用（集体完成）。

刚才用数格子方法得到这个平行四边形面积约24 cm^2，下面用公式计算一下。

这个平行四边形的底长6厘米，高4厘米。面积是底×高，6×4=24（cm^2）。估测的怎么与计算结果一样准确？

引导学生了解：数格子是一种估测的方法，平行四边形之所以会这样，是由图形特征决定的。

再看开始提出的问题：平行四边形框架变成长方形，面积改变了吗？（改变了，因为高和底 2 不一样长）

（2）生活应用（学生独立完成集体判断）。

会计算平行四边形面积有什么用？生活中有许多物体表面是平行四边形的，可能会需要计算占地面积、材料多少等。（课件出示生活中的平行四边形）

比如，买停车位，就需要根据它的面积大小来定价。我们来算算停车位的面积：一个停车位是平行四边形，它的底长 5 m，高 2.5 m。它的面积是多少？

基础性练习，放手学生独立完成，然后请学生讲解自己的思考过程。引导分析：什么形状？求什么？已知什么？怎样计算？

（3）变式练习（学生独立完成后重点分析）。

计算下面每个平行四边形的面积：（考虑到学生小数乘法情况，第 1 小题只列式不计算）

分析：第一小题突出底与高的位置变化；第二小题突出底与高的对应。

（4）发展性练习（集体完成与分析）。

图中两个平行四边形的面积相等吗？为什么？

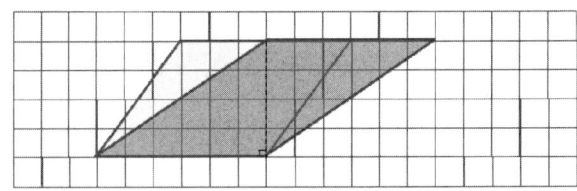

分析：等底等高的平行四边形的面积相等。

5. 回顾学习谈收获

这节课我们解决什么问题？你有哪些收获？

（二）板书

平行四边形的面积

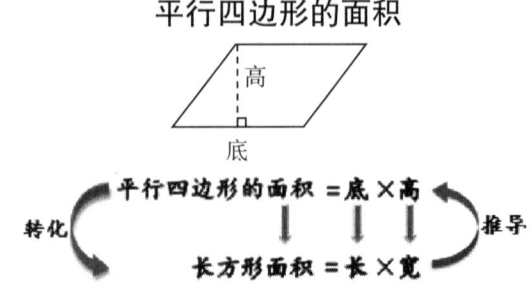

五、导师点评

李老师《平行四边形的面积》教学设计，重视问题情境的创设，给学生提供现实、有趣的具体情境，引导学生提出问题，组织学生讨论交流，通过营造现实有趣的学习背景，激发学生学习数学的兴趣与动机，让学生在自然的情境中，在教师的引导下自己动手、动脑"做数学"，通过以上情境的创设引导学生在直观感知的基础上猜想出平行四边形的面积计算公式。教学时，李老师引导学生思考：平行四边形的面积计算公式是怎样推导的？让学生提炼概括，应用割补法把它转化成学过的长方形来推导，经过系列概括提炼，学生得出其中重要的思想方法——转化思想。而学生一旦掌握了这其中的数学思想方法，不仅能完善知识结构还可用于今后的学习。

"长方体的认识"教学设计

(人教版五年级下册)

广州市增城开发区小学　陈树德

一、设计理念

（1）以"自主发现"为主体，放手让学生自主探究、独立思考、表达见解，在合作交流中自主发现长方体的特征。

（2）以"活动经验"为主线，引领学生将平面图形特征的研究经验迁移到立体图形特征的研究中，在"长方体的面有什么秘密"的探索中初步感悟探究图形特征的方法，进而思考"棱和顶点又可以从哪些方面来研究"，让学生在再次探究中进一步运用、巩固和积累图形特征的研究经验。

（3）以"操作和体验"为手段，通过看、摸、比等体验活动，引领学生由二维到三维，由平面到立体，感知平面图形与立体图形的区别。通过拆（拆面、拆棱）验证学生的发现，通过搭（搭长方体框架，配上6个面）巩固学生的发现，使其深刻掌握长方体的特征。

二、学习目标

（1）唤醒学生探究平面图形特征的活动经验，激发学生在已有研究经验基础上继续探索、掌握长方体的特征，认识长方体的长、宽、高。

（2）通过观察、思考、验证，培养学生的有序思考和逻辑推理能力，渗透数学思想方法。通过看、摸、想象等数学活动，发展学生的空间想象力，培养学生的空间观念。

（3）引领学生进一步感悟研究图形特征的一般方法，为学习其他立体图形特征积累活动经验。

（4）在探索和交流中培养学生自主探究、集体协作、团结互助的精神以及客观研究的态度。

三、教学重难点

（一）教学重点

（1）自主探索、掌握长方体面、棱、顶点的特征；

（2）认识长方体的长、宽、高。

（二）教学难点

（1）唤醒学生研究平面图形特征的经验，由平面迁移到立体，积累研究图形特征的活动经验；

（2）发展学生的空间观念，让学生深刻体会到三维立体图像与平面图形的区别。

四、教学准备

课件、教具（长方体模型和框架）、学具（长方体纸盒、搭框架的材料）。

五、教学实施

（一）学习过程

1. 复习旧知，导入新知

（1）我们学过了哪些平面图形？ <u>长方形、正方形、平行四边形、梯形等</u>

（2）平面图形是由哪些部分组成的？ <u>边、角、顶点</u>

（3）各部分的数量、形状、相互之间有什么关系？

以长方形为例：

边：4条（数量） 每条边都是线段、直的（形状） 相对的边在位置上互相平行、长度上相等（相互关系）

角：4个（数量） 每个角都是直角（形状） 所有的角在大小上都相等（相互关系）

顶点：4个（数量）

设计意图：回顾平面图形的组成部分和图形特征，唤起学生学习平面图形特征的经验，为学习长方体做好准备。

2. 自主探究

长方体是由哪几部分组成的？

长方体上平平的部分是长方体的（面），面和面相交的线段叫作（棱），棱和棱的交点叫作（顶点）。

设计意图：由平面到立体，由一维到三维，充分利用学生的已有知识和经验，引领学生自主认识长方体的各部分。

3. 小组合作探究

长方体的各部分有什么特征？

例：利用手上的长方体物品来探究，数一数（数量）、看一看（形状）、找一找（相互间的关系）。

（1）长方体有（<u>6</u>）个面。

（2）长方体有（<u>12</u>）条棱。

（3）每个面是什么形状的？（每个面都是长方形，特殊的长方体有2个相对的面是正方形）。

（4）哪些棱长度相等？（<u>相对的棱长度相等</u>）

（5）哪些面是完全相同的？（<u>相对的面完全相同</u>）

（6）长方体有（8）个顶点。

设计意图：通过自主学习和合作探究，让学生自己去探究长方体的特征，积累探究图形特征的经验，为后面学习其他图形的特征打好基础。

4. 小组合作探究

认识长方体的长、宽、高

例：

（1）长方体的12条棱，按照方向的不同，可以分成（3）组，每组（4）条。

（2）相交于同一顶点的3条棱的长度相等吗？<u>不相等</u>

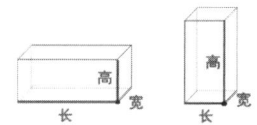

概念认识：

（1）相交于同一顶点的三条棱的长度分别叫作长方体的长、宽、高。一般情况把底面中较长的一条棱叫作长，较短的一条棱叫作宽，垂直于底面的棱叫作高。

（2）尝试指出：拿出长方体，指一指什么是长方体的长宽高？

设计意图：在交流中认识长方体的长、宽、高，在长方体位置的变换中，体会随着位置的不同长宽高也随着变化，为后面求长方体的体积、表面积打好基础。

5. 学以致用

（1）这个纸巾盒是个（　）体，它有（　）个面，（　）条棱和（　）个顶点。

（2）这个纸巾盒的正面是（　　）形，长是（　　）cm，宽是（　　）cm，和它相同的面是（　　）。

（3）它的右面是（　　）形，长是（　　）cm，宽是（　　）cm，和它相同的面是（　　）。

（4）（　）面和（　）面的长是24 cm，宽是12 cm。

设计意图：巩固长方体的特征和对长宽高概念的认识。

（5）金龙广告公司要赶制一批长方体的广告灯罩（如右图）。

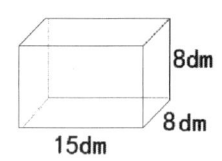

①制作一个这样的长方体灯罩框架，至少需要多长的铁条？

②这个广告灯罩的上面、右面、后面的面积分别是多少？填一填。

	长/dm	宽/dm	面积/dm²
上面			
右面			
后面			

设计意图：第一问巩固长方体的长宽高，第二问为后面学习长方体的表面积作铺垫。

小结：①长方体的特征。②长方体的长、宽、高。

（二）板书

长方体的认识

组成	数一数（数量）	看一看（形状）	找一找（关系）
面	6	每个面都是长方形（特殊情况有两个相对的面是正方形）	相对的面完全相同（4个长方形完全相同）
棱	12		相对的棱长度相等
顶点	8		

六、导师点评

对照教材的教学内容、课程标准的目标要求，以及本科的教学设计，我认为陈树德老师的《认识长方体》教学设计有3个特点：

1. 教学目标科学合理

一是重视知识与技能的教学，即长方体特征的认识：长方体面、棱、顶点的特征，长方体的长、宽、高的认识，并设计了用相关知识解决简单的实际问题；二是重视空间观念的建立，尤其是感受到立体图形与平面图形的不同；三是重视学生情感态度体验，让学生在自主探索、合作交流以及"一拆一搭"的验证中体验了学习的快乐和成功的喜悦。

2. 落实四基有所突破

在这节课里，陈老师围绕积累基本活动经验做文章，从导入新课时候的"平面图形特征研究方法的回顾"，到探究面的特征时候的"研究方法的归纳"（数数量、看形状、找相互间的关系），再到研究棱和顶点特征时候的"可以从哪些方面进行研究的思考"，再到课堂总结时候的"给你一种新的立体图形，你会研究吗？"引导学生步步为营，探索、归纳、运用、巩固，一步步积累研究经验，效果明显。我想，如果在学习其他图形的时候，也能这样去做，我们的孩子一定能逐步掌握研究图形特征的基本经验和基本方法，为自主获取知识奠定坚实的基础。

3. 学生空间思维得到发展

第一次研究立体图形对于学生来说是有一定困难的，本节课通过放手让学生去自主探究，安排了看一看、摸一摸、数一数、比一比、拆开来、搭回去、配上面，猜图形等学习活动，从头到尾都需要学生动眼、动耳、动嘴、动手、动脑。同时又利用形象的课件演示配合直观操作，让学生在空间想象中逐步建立空间观念。

附：学案

板块一：复习旧知，导入新知

（1）我们学过了哪些平面图形？＿＿＿＿＿＿＿＿＿＿＿＿＿＿＿＿＿＿＿＿＿＿

（2）平面图形是由哪些部分组成的？＿＿＿＿＿＿＿＿＿＿＿＿＿＿＿＿＿＿＿

板块二：自主探究：学习长方体各部分的名称

生活中除了我们熟悉的平面图形外，更常见的是立体图形。我们周围许多物体的形状都是长方体或正方体。（正方体也叫立方体）仔细观察长方体，想一想长方体是由哪些部分组成的？

长方体上平平的部分是长方体的＿＿＿＿＿＿，面和面相交的线段叫作＿＿＿＿＿＿，棱和棱的交点叫作＿＿＿＿＿＿。

板块三：小组合作探究：长方体的特征

（1）例1：

利用手上的长方体物品来观察，并将小组同学的发现填在横线上。

①长方体有＿＿＿＿个面。　　④长方体有＿＿＿＿条棱。

②每个面是什么形状的？　　⑤哪些棱长度相等？

＿＿＿＿＿＿＿＿＿＿＿　　＿＿＿＿＿＿＿＿＿＿＿

③哪些面是完全相同的？　　　⑥长方体有_____个顶点。
_____

（2）及时练习：填空
①两个面相交的边叫作_____；三条棱相交的点叫作_____。
②长方体有_____个面，_____条棱，_____个顶点。
③在一个长方体中，_____的面完全相同，相对的棱长度_____。

板块四：小组合作探究：认识长方体的长、宽、高

（1）例2：
①长方体的12条棱，按照方向的不同，可以分成（　）组，每组（　）条。
②相交于同一顶点的3条棱的长度相等吗？_____
（2）概念认识：
①相交于同一顶点的三条棱的长度分别叫作长方体的长、宽、高。一般情况把底面中较长的一条棱叫作长，较短的一条棱叫作宽，垂直于底面的棱叫作高。
②尝试指出：拿出长方体，指一指什么是长方体的长、宽、高？

板块五：学以致用

（1）右边这个纸巾盒是个（　）体，它有（　）个面，（　）条棱和（　）个顶点。
（2）这个纸巾盒的正面是（　）形，长是（　）cm，宽是（　）cm，和它相同的面是（　）。
（3）它的右面是（　）形，长是（　）cm，宽是（　）cm，和它相同的面是（　）。
（4）（　）面和（　）面的长是24 cm，宽是12 cm。
（5）金龙广告公司要赶制一批长方体的广告灯罩（如右图）。
①制作一个这样的长方体灯罩框架，至少需要多长的铁条？
②这个广告灯罩的上面、右面、后面的面积分别是多少？填一填。

	长/dm	宽/dm	面积/dm²
上面			
右面			
后面			

小结：①长方体的特征。②长方体的长、宽、高。

英语篇
YING YU PIAN

"Chapter 6 Look at Me Part E" 教学设计
（香港朗文英语 Longman Welcome to English 1A）

■ 华南师范大学附属天河实验学校　肖　靓

一、设计理念

以学生为中心，通过给予学生大量的信息输入，将学习重点和难点较好地化解于活动教学、游戏教学和情景教学中，让学生在"任务"活动中学习英语并用英语进行交流。

二、学案设计

1. 指读单词

eye, nose, mouth, ear, leg

2. 朗读课文对话（见课本）

3. 听录音，根据录音内容连线

Jack　　　Jenny　　　Mike　　　Nancy

skip　　　draw　　　run　　　swim

附听力内容：

（1）Jack has small eyes. He can draw.

（2）Jenny has long hair. She can skip.

（3）Mike has big eyes. He can swim.

（4）Nancy has short hair. She can run.

4. 朗读诗歌

Jenny, Jenny. That is Jenny. She has long hair.

Nancy, Nancy. That is Nancy. She has short hair.

Jack, Jack. That is Jack. He has small eyes.

Mike, Mike. That is Mike. He has big eyes.

5. 画出你同学的模样，并用英语向你的爸爸妈妈介绍你的同学

三、学习目标 Objectives

Language Skills: Be able to understand and to use the sentence structures: "Who is...? That is... He/She is...He/She has.... He/She can... "

Language Knowledge: To know and to use the adjectives and the names of body parts and the sentence structures: "Who is...? That is... He/She is... He/She has... He/She can... "

Affect and Attitude: Like to speak English and to communicate with others. Get to know their friends more by describing their appearance and ability.

Learning Strategies: ① Train the pupils to think, observe, imagine and cooperate with others actively. ② Enjoy the songs, games and activities in the class.

四、教学实施设计

（一）教学过程 Teaching Procedure

1.Leading in and Pre-task

①T:Greetings and free talk.

S:Greetings and free talk.

②T:A chant "Tall, tall, make yourself tall."

S: Chant together and do the actions.

③T:The teacher introduces herself by using "I am ... I have ... I can ..." Then ask some pupils to introduce themselves.

S:Listen and try to use "I am ... I have ... I can ..." to introduce themselves.

④T:Introduce a friend "Pippy". Help the pupils to review the words of the body parts.

S:Review the words of the body parts.

⑤T:Ask the pupils to guess what Pippy is like.（展示课件）

S:Use "He is ... He has ... He can ..." to guess what Pippy is like.

⑥T:Introduce Pippy: "This is ... He is ... He has ... He can ..."

S:Listen and try to speak out after the teacher.

⑦T:The teacher acts as Pippy to make friends with the pupils. Then present the sentence structures: "Who is ...? That ..."

S:Make friends with Pippy. Listen and practise the sentence structures "Who is ...? That is ..."

Purpose:Warming up to create a happy atmosphere of learning English. To arouse the pupils' interests and give them more chances to speak English.

2.While-task

①T: In Longman School, Jenny, Nancy, Mike and Jack are good. Present the contents of the dialogue.（展示课件）

S:Listen and guess, then read out the sentences.

②A video about the pupils' school sports day.

S:Watch the video.

③Use "He/She is ..." "He/She has ..." "He/She can ..." to describe the child in the video.

S:Listen and read.

④Ask the pupils to talk about the children in the video.

S:Talk about the children in the video with the partner.

Purpose:To practice with the words and the sentences. To help them to use the sentence structures through the activities and keep their interests in speaking English.

3.Post-task

①T: A task: Ask the pupils to introduce their friends or parents to their partner.

S:Pair Work：Introduce their friends or parents to their partner.

②A chant.

S:Chant together.

Purpose:To offer more chances for the pupils to talk about the friends and communicate with others. To speak more by getting involved in the activities.

4.Homework

①Listen to the CD, and read out the dialogue on P35.

②Introduce your classmate to your father and mother in English.

（二）板书设计

Chapter 6 Look at Me Part E

Who is ...?	He/She is ...
That is ...	He/She has ...
	He/She can ...

五、导师点评

肖老师这节课能以学生为中心，通过创设生动有趣的活动、游戏、情景吸引学生，教学设计合理，教学环节环环相扣、层层递进，将学习重点和难点较好地化解于每一个教学活动中，学生通过完成——项"任务"活动，学习英语并用英语进行交流，目标达成度高。

"Recycle 1 Chen Jie's Diary" 教学设计

（人教版五年级 上册）

■ 韶关市教育科学研究院 吴秉健

一、设计理念

以澳大利亚的维多利亚州政府的教育与培训部官网（http://www.education.vic.gov.au/languagesonline/games/cartoon/）中的学生卡通英语故事绘本创作软件为教学工具，将小学高年级的英语故事阅读教学和文本重构与信息技术有声绘本创作进行深度融合，实现以读促写，提升小学生参与英语有声绘本读写创作的积极性，在训练学生英语语言能力的基础上培育其审美情趣。

二、学案设计

Recycle 1 Chen Jie's Diary

（一）阅读Chen Jie日记，根据4段英文句子，分别给出不同的关键词

Read Chen Jie's diary（关键词：class, food, friends and teachers, school）

Monday

It is sunny today. I am at Willow Primary School. It is so pretty. There are many yellow flowers.（   ）

David is my new friend. He is clever and hardworking. He is funny, too. His favourite class is English. The teacher, Ms. Brown, is very helpful.（   ）

Teachers and students often eat lunch at school. Some of them have beef and drink tea. Some love green beans and ice cream. The food is delicious!（   ）

After lunch, we have a reading class with Mr.Reed. What a friendly school！（   ）

（二）从英文日记中，选出字母或字母组合发音相同的单词

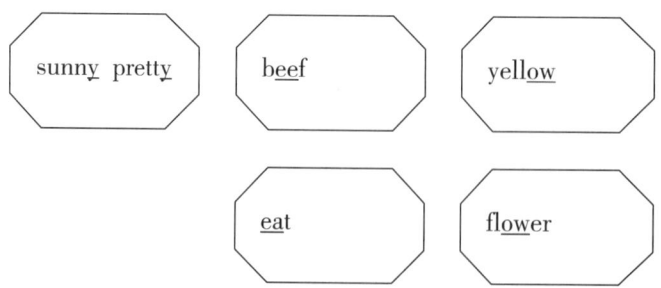

"Recycle 1 Chen Jie's Diary" 教学设计

（三）根据英语日记段落，给故事绘本创作写脚本

Story name: _____　　**Written by:** _____　　**Page no:** ____

Details:
- ☐ TEXT BUBBLES
- ☐ VOICE RECORDINGS
- ☐ Captions

Characters:
_____

What is the background image?
_____

Other images to save and import
_____

Script/description:
....
....
....
....
....
....
....
....

Visuals

Frame number: _____

Details:
- ☐ TEXT BUBBLES
- ☐ VOICE RECORDINGS
- ☐ Captions

Characters:
_____

What is the background image?
_____

Other images to save and import
_____

Script/description:
....
....
....
....
....
....
....
....

Visuals

Frame number: _____

Details:
- ☐ TEXT BUBBLES
- ☐ VOICE RECORDINGS
- ☐ Captions

Characters:
_____

What is the background image?
_____

Other images to save and import
_____

Script/description:
....
....
....
....
....
....
....
....

Visuals

Frame number: _____

Details:
- ☐ TEXT BUBBLES
- ☐ VOICE RECORDINGS
- ☐ Captions

Characters:
_____

What is the background image?
_____

Other images to save and import
_____

Script/description:
....
....
....
....
....
....
....
....

Visuals

Frame number: _____

（四）根据英语日记段落内容，创作英语故事绘本

三、教学目标 Objectives:

（1）Students are able to comprehend Chen Jie's diary related to Willow Primary School in the UK, further more motivate the students to review each paragraph of the diary and choose an appropriate key word.

（2）Students work in pairs or groups so as they can talk and find the correct words related the letter sound pronunciations of "ee" "ow" "ea" from Chen Jie's diary.

（3）Students in pairs or in groups design their story pictures: collaborate in groups and construct Chen Jie's diary pictures (appreciate their images, background of their language literacy).

（4）Students create Chen Jie's diary pictures under teacher's guidance according to their comprehending text what they explained (appreciate their language literacy and digital literacy).

四、教学实施

（一）教学过程

1. 热身 Warm-up

Students are interested in their friends from a foreign country. Creating the situation can easily attract Ss' attention and raise their interest of English learning related to a diary of Chen Jie visiting a school in the UK.

教学内容：T: What day does Chen Jie visit Willow Primary School? Where is Chen Jie?

Ss:

T: What does Chen Jie have with some friends at Willow Primary School?

Ss:

T: What do the students and teachers do at Willow Primary School?

Ss:

"Recycle 1 Chen Jie's Diary" 教学设计

T: Try to choose an appropriate word for each paragraph.

学生活动：The students should finish the task after reading the diary. The Ss talk about Willow Primary School in the UK.

Purpose: After greeting the students, the teacher talks about the primary school life in the UK, and show them an English diary. Students should think and talk about the structure of an English diary after reading Chen Jie's.

媒体作用及分析：英语文本阅读，利用教科书和投影，从听说引导到电子文本阅读，提升学生阅读文本的动机。

2. 新知呈现与练习 Presentation and Practice

教学内容：4 paragraphs related to Chen Jie's diary: They are related to class, school, food, friend and teachers. Motivate students to read for meaning and read for images of their comprehension.

学生活动：The Ss in pairs or groups read separate paragraph, and think about the context of

Chen Jie's diary.

The Ss think and express. The Ss think and answer. Some Ss describe the pictures with some key words and sentences. Some other Ss plan to find pictures for illustrate Chen Jie's diary.

Purpose:The diary context is easy to attract the students' attenti on .Teacher should lead them to develop their abilities of reading, thinking and expressing. The Ss have different interests about the friends and teachers beyond they could touch in the UK.

媒体作用及分析：利用小组合作学习进行阅读和交流讨论 Chen Jie's diary，以创作英语有声故事绘本为目标，从英文日记四个自然段中寻找或构思其中的情景图包含哪些元素。

3. 以读促表达进行绘本创作 Production

教学内容：Opinions expression：The teacher asks the Ss to think and talk about Chen Jie at Willow School. Arrange the context at school：The teacher divides the Ss into groups, and prepares work sheets for them. Each group should cooperate and choose images to present their story visuals. After that, they share their illustrations.

学生活动：Students express their solutions. Each group should cooperate and choose to make one paragraph visuals together. After that, they share their favourite illustrations.

Purpose:It's good to train the Ss'ability to illustrate what they're learning, what they're reading or what they're talking. The Ss will learn how to cooperate with others by collecting images online or self-directed working on cartoon story maker software.

媒体作用及分析：利用澳大利亚维多利亚州政府的教育与培训部官网卡通故事绘本创作软件，给学生分解英语阅读和创作有声电子绘本任务。鼓励学生分享彼此小组创作的有声英语绘本日记。

4. 作业 Homework

教学内容：Review Chen Jie's diary. Try to illustrate a diary according to the students daily life.

学生活动：Review other's diary and creat your own by using the cartoon software.

Purpose:It's important for Ss to learn how to read and write while expressing their understanding. What's more, they can learn to illustrate their reading and talking.

"Recycle 1 Chen Jie's Diary" 教学设计

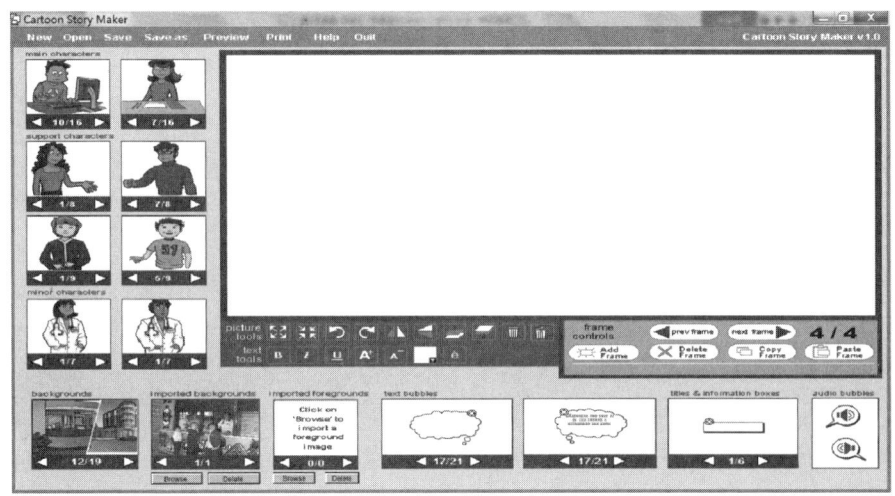

（二）板书

Recycle 2　Chen Jie's diary

　　Monday
　　Willow Primary school...
　　Friend and teachers
　　Food...
　　Class...

五、导师点评

本教学设计中的学案在促进英语学习转型方面，在以下两方面做了有益的探索。

首先，在理念上体现了教师从信息技术支持的英语融合教学转向了信息技术支持的学生英语创作化学习。

其次，英语导学的核心任务是要将学生对英语日记的阅读理解能力转化为利用信息技术进行英语绘本可视化的表达创作能力。通过本教学设计可以看到吴秉健老师能将赴澳大利亚研习信息化教学的能力和教学工具（Cartoon Story Maker）进行学以致用。

要有效引导学生进行英语创作化学习，还特别需要提醒和关注的环节是学生对英文日记的理解必须聚焦几个关键信息要点：人物 friends and teachers，地点 class，school，主题词 food。这些虽然通过板书得到了体现，但是学生在合作学习过程中，需要进一步梳理它们在绘本画面中出现的时空顺序，为可视化卡通绘本配图和英语文本解说以及配音厘清思路。此外，最关键的还是学习资源问题，学生必须对绘本软件中的图库资源进一步熟悉，因为这也是学生对本学案付诸实践的关键。

另外，绘本教学有几种途径：图片环游、故事地图、阅读圈等，教师在设计绘本教学时，应考虑如何通过不同的途径培养学生的阅读能力。同时，在绘本教学中考虑如何实现"学科育人"。

"故事地图（Story Map）的运用"教学设计

（深港版小学三年级第六册）

■ 深圳市福田区狮岭小学　岳　旭

一、设计理念

小学英语中年级教材中的阅读板块大部分是story，并具备故事的几个要素 when/where/who/what/how。借助简单易操作的 Story Map 式预习案训练学生的思维，逐步提高学生正确捕捉、提取信息的能力，并"以读促写"，为写作做准备。

二、学案设计

Pre-learning Worksheet（Unit 6 Story Map）

预习指南：

（1）快速阅读，明白大意。

（2）录音跟读，模仿语音。

（3）再听录音，自己试读。

（4）默读思考，完成预习案。

Story Map

```
When: _____        Who: _____
Where: _____        _____
_____         _____

        (       Name of
        (  ←── the story
        (

What:
Write down the -ing words in the story in order（按故事顺序将-ing
形式的单词写下来）：
_____
_____
```

Story Map 包括以下几个部分：

（1）When：故事发生的时间。

（2）Where：故事发生的地点。

（3）Who：故事中的主要人物。

（4）What/How：故事的主要内容，是核心和关键。
（5）Title：故事的题目。
绝大多数的故事缺少题目，可以通过拟定题目来锻炼学生对故事的概括能力和深度思考能力。

三、学习目标

借助 story map 的填写，了解故事大意，正确捕捉和提取重要信息，掌握故事的整体构架，为 retell/rewrite the story 做准备。

四、教学实施

（一）教学过程

1. Listen and order（听故事排序）

设计意图：通过听故事对图片进行排序，检查学生在预习中对故事大意的了解。

2. Ask and answer（问题问答）

（1）How many characters are there in the story? Who are they?
（2）Where are they?
（3）When did the story happen, in the morning, in the afternoon or in the evening?

设计意图：通过对三个 Who/Where/When 核心问题的检测了解学生对故事要素的掌握情况。本故事中的 when/where 需要学生通过图片信息和文字信息间接获取。

3. Know more details（了解故事细节）

（1）Listen and act（听故事，听到-ing 动词请做出相应的动作）。

（2）Read and write（看故事，按顺序写出-ing 动词）。

设计意图：通过听故事做动作、读故事写动词，让学生在故事的情景中更多关注-ing 动词，也就是故事 What/How 部分。故事中的 what/how 部分要求学生按顺序写出六个动词的现在分词，这六个词既是本单元的语言点，又是本故事的主线，能为接下来的 act the story/retell the story 等输出活动做准备打基础。

4. Correct the pre-learning sheet（自查自纠预习学案）

设计意图：学生在预习过程中允许出错，经过课堂学习后，需要提供一个时间段给学生自查自纠。

5. Give a name to the story（为故事取名）

设计意图：通过给故事取名，高度概括故事大意，训练发展学生的概括能力和思辨能力。

（二）板书

五、导师点评

本预习案的设计能够充分关注核心素养的要求，注重培养学生的语言能力、学习能力和思维品质等，特别是在 story map 的设计和应用上，有效提高了英语课的思维的含量。第一，让学生在课前的预习不仅停留在简单听读和理解上，更注重对学生思维习惯、阅读能力的培养。第二，在课上，教师还可围绕 story map 设计活动，并将它作为板书进行呈现。第三，通过 story map 的应用，有效提高了学生对关键信息的捕捉能力、对故事的复述（概述）能力，为五六年级的写作打下坚实的基础。

"Brown bear brown bear, what do you see?" 教学设计
（儿童英语绘本阅读材料）

■ 江门市蓬江区丰泰小学　梁婉清

一、教学内容

这节绘本课的教学内容是关于颜色和动物的词汇和句子"…what do you see？I see a… looking at me."

二、学情分析

本节课的授课对象为小学三年级的孩子。三年级孩子经过三年的英语学习，有了一定的英语基础知识和听说读写的能力，这个年龄段的孩子活泼好动，模仿能力强，对游戏、歌曲、故事等活动特别感兴趣。同时，孩子对英语学习有着较浓厚的兴趣，喜欢表达自己的观点，也具备初步的自主、合作、探究能力。本节课的重点是启发孩子通过读故事、讲故事、演故事、编故事等形式获得成功感，进而提升自主学习英语的能力。

三、教学目标

（1）能够正确读出故事中的单词：brown bear, red bird, yellow duck, blue horse, green frog, white dog, black sheep, purple cat, goldfish, 做到看词能读。

（2）引导孩子积极参加小组活动，促进他们养成动脑、动口和动手的好习惯，初步形成主动学习的意识。

（3）本节课运用多媒体与教学相融合的教学手段，无论是课堂用语、游戏还是歌曲等都以讲故事贯穿整一节课。

（4）进一步提高孩子对英语的学习热情及学习兴趣；鼓励孩子积极主动参与课堂活动，大胆开口，主动模仿。

四、教学重、难点

（1）教学重点：单词 brown bear, red bird, yellow duck, blue horse, green frog, purple cat, white dog, black sheep, goldfish。句型："…what do you see? I see a… looking at me."

（2）教学难点：熟练运用所学颜色和动物的单词，灵活运用所学句型。

五、教具准备

多媒体课件、绘本书、小动物简笔画卡片、动物头饰、彩笔等。

六、教学流程图

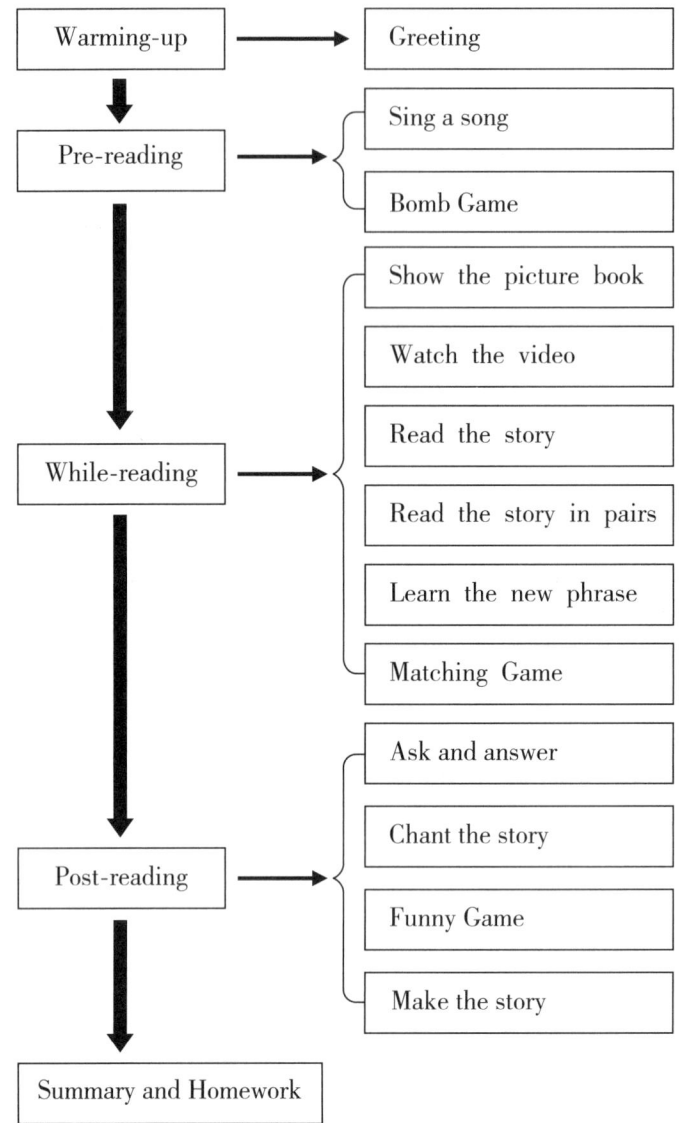

七、教学过程

Step Ⅰ：Warming up

Activity 1：Greeting

T: Good morning, boys and girls.

S: Good morning, Queenie.

T: Welcome to our English class.

设计意图：师生互相问候，增加师生之间的交流，营造宽松愉悦的课堂氛围。

Step Ⅱ：Pre-reading

"Brown bear brown bear, what do you see?" 教学设计

Activity 1: Sing a song.

T: Do you like animals? Now let's sing a song about animals.

设计意图：教学热身活动是英语课堂教学方法的重要形式之一，师生伴有动作演唱歌曲来缓解学生的紧张情绪，建立轻松、和谐、愉快的课堂氛围，让学生复习了已学过的单词。

Activity 2: Bomb Game.

T: Boys and girls. This is a bomb. It's dangerous. Look! What color is it?

S: It's yellow.

T: Yes. You can stand up and read the word "yellow, yellow", if you see "red", you must cover your ears and keep silent. Are you OK? Let's go!

设计意图：本环节是炸弹游戏。学生看到红色是危险颜色，马上捂住耳朵并蹲下不作声，如果是其他颜色，学生站起来大声读出单词。此环节以动作游戏的形式吸引学生复习已学的颜色的单词，使孩子更加乐学、智学。

Step Ⅲ: While reading

Activity 1: Show the picture book.

T: Children, What is this on the cover?

S: It's a bear.

T: What color is the bear?

S: It's brown.

T: Yes. It's a brown bear. So this book is called "Brown bear, brown bear, what do you see?" Let's read the title together.

T&Ss: Brown Bear, brown bear, what do you see?

T: It was Written by Bill Martin Jr. and illustrated by Eric Carle.

T: Let's watch the video about the story.

设计意图：学生都喜欢看动画片，通过观看绘本动画的方式可以让学生总体了解绘本，并为进一步的阅读故事打好基础。

Activity 2: Watch the video.

T: This is a nice picture book about animals and colors. Let's enjoy the story.

T: Is it a nice story?

Ss: Yes.

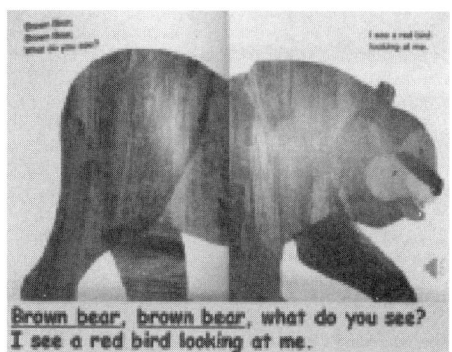

T: Children, what do you see in this picture book?

S1: I see a brown bear.

S2: I see a red bird.

S3: I see a yellow duck.

S4: I see a blue horse.

Ss: I see... a green frog, a purple cat, a white cat, a black sheep, a goldfish and a teacher.

T: Bingo, bingo, wonderful.

设计意图：通过观看绘本动画后，让学生说出见到哪些动物，找出关键信息。

Activity 3：Read the story after the teacher.

T: Now please read after me.

设计意图：第二遍教师朗读绘本，学生跟读，让学生能够看图阅读，体验纸质绘本阅读的乐趣。

Activity 4：Read the story in pairs.

设计意图：第三遍学生两人小组阅读绘本故事，给孩子朗读绘本的机会，鼓励孩子大声地有感情地朗读

Activity 5：Learn the new phrase.

T: Boys and girls. Big eyes. Who's looking at me？

T: Follow me, looking at me.

Ss: Looking at me.

T: What "looking at" means？Please look at the little funny picture and guess.

Ss: 看。

T: Good. It means "正在看". Now, look at my eyes. I am looking at you. And you are...

Ss: Looking at us.

T: How clever you are! Now look! Can you read this.

"Looking at me, looking at me, I see a _____ looking at me."

设计意图：在文本中找出难点"looking at me"，通过带读，做动作让学生理解句子的意思。

Activity 6：Matching Game.

T: Children，let's play a matching game. Let's read the words.

S: Yellow. Yellow duck.

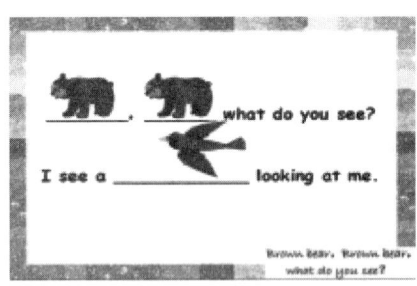

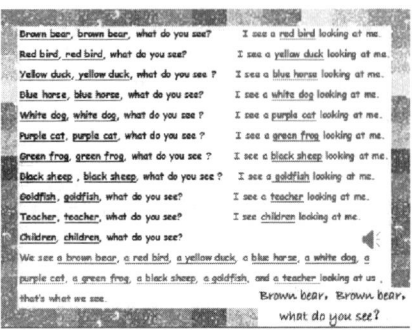

设计意图：教师在黑板上贴两列单词卡片，一列是颜色卡片，一列是动物单词，颜色卡片是反着贴，学生看不到颜色，另一列是有颜色的动物卡片，学生上来翻颜色卡片，然后颜色和动物配对。目的让学生更快地记住带颜色的动物名称

Step Ⅳ：Post-reading

Activity 1：Ask and answer the questions.

T: Boys and girls. Now look and answer the questions.

T: Brown bear, brown bear, what do you see?

S1:I see a red bird looking at me.（教师在幻灯片上显示动物的图片，让学生快速地回答问题）

设计意图：通过图片的呈现，让学生能重温之前学习的动物和句子，以问答的形式加以巩固。

Activity 2：Chant the story.

T: Children, we can read this picture book, now let's

chant the story together. （播放音乐，教师和学生一起唱）

设计意图：本环节教师通过归纳操练的形式向孩子呈现绘本故事的内容，借助课件、律动、儿歌等带领孩子了解学习内容，通过TPR（Total Physical Response全身反应教学法）加深了孩子的记忆。

Activity 3：Funny Game.

T: Children, now look at the picture, can you ask me？

S: Queenie, Queenie, what do you see？

T: I see a mango looking at me.

T: This time I'd like to ask a lucky dog to ask. Who is it？

（教师利用电脑抽签的形式抽出一位同学回答问题，其他学生做出评价）

Ss: Penny, Penny, what do you see?

S1: I see an apple looking at me.

设计意图：本环节教师通过抽签的形式抽出学生回答问题，既活跃了课堂气氛，又可以让学生高度注意问题内容，其他学生做出即时的评价，掀起了活动高潮。

Activity 4：Draw and make the new story.

T: Do you like this picture book？

Ss: Yes.

T: Let's make a new story book. Please choose these stationeries, sports, animals, fruits to make your story book.

设计意图：教师课件展示如何制作新的绘本书，然后让学生小组内自主选择文具、动物、球类和水果类等，在作业纸上让学生自己画画、涂颜色，并且写上简单的句子，小组长将小组的作业纸订成一本小绘本书，小组起好书名，然后整组将自己设计的绘本故事表演出来。

Step Ⅴ：Conclusion

T: Boys and girls, today we have read a book 《Brown bear, brown bear, what do you see？》and you have made your own story books. Do you like your story books？

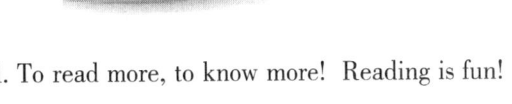

Ss: Yes!

T: Great! Please share you story book with other groups after class, OK？

Ss: OK!

T: Children, our world is beautiful and colorful. To read more, to know more！Reading is fun！Keep on reading after class！Goodbye children！

Step Ⅵ：Homework

（1）Share the story with your parents.

（2）Make a new story book.

八、教学反思

《Brown bear, brown bear, what do you see? 》是一个绘本故事。其中内容包含颜色类和动物类。主句型为：xx, xx, what do you see? I see a ...looking at me.下面我根据自己的课程设计以及课堂教学分析本节课：

（1）课堂设计体现了总分的教学思路。《英语课程标准》指出："学生是学习和发展的主体，学生是学习英语的主人。"小学三年级的学生活泼好动，模仿能力强，乐于表现自己，我创设了贴近学生生活经验和兴趣的活动，丰富多样，有利于学生学习英语知识、发展语言的技能，从而提高实际语言运用能力。本人先通过观看视频，引出故事中的动物。根据学生现有的颜色和动物类的词汇基础，定位本节课中的 horse, frog, goldfish, teacher, children 作为新授单词。通过教读学生单词，颜色和动物连线，动物的出场顺序进行分步骤处理本节课的人物，另外通过圈出文中出现频率最高的句子，让孩子明确本节课的重点句型。

（2）本节课内容难度适中，前期给孩子们沟通的是主要单词进行简单教读，以及主要句型的联系，通过播放视频，反复跟读，让孩子体会本故事的故事性。本节课的绘本视频是歌曲的形式，朗朗上口，学生对绘本故事内容有浓厚的兴趣。学生对故事人物，故事的发展都能熟悉，所以上课时，学生更积极，也能体会到故事中的押韵。在拓展环节，学生已学的信息进行创编故事时，孩子们的积极性和展示都非常的好。学生的学习效果好，而且学生的故事都是以歌曲的形式展示的。

（3）本节课也存在许多不足，大多是在细节之处。①单词和句子的巩固方面还需要进一步强化。比如学生frog, goldfish, children，学生的发音还不够准确，需要进一步加强。②对小组评价和个人评价，个人评价未能很好地发挥，建议下一次可以让小组长进行管理评价。③在展示新故事时，可以采用小组的形式，每人都有机会出场，尽量顾及学生的个性发挥。

九、导师点评

小学中年级学生的思维品质主要是观察，想象，记忆，识别等。此次教学设计充分考虑了学生的特点。该绘本以生动的图片和鲜艳的颜色为特点，操练了句型 "...what do you see? I see ... looking at me" 并引入了有关颜色和动物的单词。本次教学培养了学生的动手操作能力、口头表达能力以及联想及记忆能力。

"Unit 5 Whose dog is it?" Part B Let's learn, Let's play & Let's check教学设计

（人教版五年级下册）

■ 湛江市遂溪县遂城第二小学　陈丽丽

一、设计理念

以running man 成员活动为主线，创设各种教学游戏和竞赛活动吸引学生，给学生营造一个轻松愉快的语言学习氛围，通过落实学科素养，让课堂更具丰富营养。

二、学案设计

Step1: Warming up

（1）sing a song.

（2）Free talk.

（3）Divide students into 4 groups.

Step2: Presentation

（1）设置情景 running man。

（2）Task1单词教学，给出不同的指令学习五个单词的现在分词jumping、climbing、drinking、playing、sleeping。

（3）Task2 提出问题What are the rabbits doing?

Step3: Consolidation

（1）Task3 Golden eyes。

（2）Task4 Do and guess。

（3）提示观察转盘的单词。

（4）Task5 Make sentences。

（5）Extra point。

（6）情感教育 Doing is better than saying。

Step4: Summary＆Homework

三、学习目标

（1）掌握五个动词的ing形式：climbing, eating, drinking, playing, jumping, sleeping。

（2）能运用句子"What are these rabbits doing?"询问动物正在做什么并回答"They're playing with each other."

四、教学实施设计

（一）教学过程

Step1: Warming up

（1）sing《animals, animals are everywhere》.

（2）Free talk.

T:What's the wheather like today? How are you? Are you happy? Do you want to eat something?

（3）Divide students into 4 groups.

Which group can climb high, which one is the winner today.

设计意图：①通过音乐营造良好英语课堂氛围。让学生放松，并感知一些现在分词的发音。②通过 free talk 形式让复习所写过的动词，为学习现在分词铺垫。③分组激发学生竞争意识，带动课堂气氛。

Step2: Presentation

（1）设置情景 running man。

Running men will go to fantasy park, let's join them. They need to pass five tasks, let's help them.

（2）Task1 单词教学。

给出不同的指令学习五个单词现在分词①Jump with 100 people. 动态图片引出单词 jumping，并教授 They are jumping.The rabbits are jumping. 根据图片把 jumping 运用于现在进行时的句子中。②Climbing like a tortoise，图片引出单词 climbing 并教授 They are climbing. 看图说出 The dog is climbing a mountain. ③Listen to the sound and guess the order——drinking like a dog 引出 drinking，看图说出 The dog/pig is drinking. ④Listen to the sound and guess the order——eating like a pig. 看图说出 She is eating.They are eating.The dog is eating a bone. ⑤Play a game with each other. 动态图片引出单词 playing，并教授 They are playing with each other. 根据图片说出 The rabbits are playing with each other. ⑥The running men are tired, they want to sleep. 图片引出 sleeping. 根据图片说出运用 sleeping 的句子。

（3）Task2 提出问题 what are the rabbits doing?

播放课本 flash，回答问题，跟读单词。

设计意图：①设置情景激发学生的参与激情。②使用动态图、使用声音引出新单词，吸引学生的同时让学生注意力更加集中。③把单词融入句子中，在句型中学会现在进行时的运用。

Step3: Consolidation

（1）Task3 Golden eyes（抢答所看到的单词）。

（2）Task4 Do and guess One or two students choose the word and do the action. The whole class ask "what is he/she doing?" 或 "What are they doing?" The other student guess with the sentence "He is/she V.ing?"

（3）提示观察转盘的单词。

观察单词特征，小组总结现在分词构成规律。

（4）Task5 Make sentences. 将写着人名、动作、地点等卡片分别藏在三个袋子里，要求学生分别从这三个袋子中各取出一张卡片，然后将这三张卡片连成一句话。

（5）Extra point.

Let's check ① Describe the four pictures in groups. ② listen and number. ③ Listen again and chose.

（6）情感教育 Doing is better than saying.

设计意图：①抢答活动能够使学生在轻松愉快的语言环境中巩固新单词。②单词转盘把情景设置到真实的环境中，提高学生英语语言组织能力和口语表达能力。③让学生观察单词，小组总结规律，摆脱传统灌输法。

Step4: Summary&Homework

（1）Summary：What do we learn today?

（2）Homework:

① Read and write the phrases of Page 52.

② Talk with your friend what your classmates are doing in the PE class.

设计意图：①巩固新单词。②运用现在进行时描述真实的情景，使英语融入日常生活中，提高学生的口语交际能力。

（二）板书

Unit5 Whose dog is it?
B Let's learn

jumping　　　　climbing　　　　drinking　　　　eating　　　　playing

五、导师点评

陈丽丽老师这节课的学案设计比较合理，符合新课程标准对小学英语教学的要求，教学理念比较科学，思路比较清晰，教学目的明确，教学方法灵活多样，能够创设比较真实有趣的情境和课堂活动以激发学生的学习兴趣，让学生"玩中学、学中做"，整个教学过程基本达到"教一学一做"为一体，使学生的听、说、读、写能力和思维能力得到较好的发展与培养，学生的跨文化交际能力也得到一定的提高。

"My family" 教学设计

（人教版三年级下册）

■ 肇庆市第十五小学 陆梅红

一、教学目标

1. 知识目标

（1）知道元音字母 e 在单词中发短音 /e/，能够正确说出元音字母 e 在单词中的短发音为 /e/，并能根据其发音规则拼读学过的语音例词。

（2）学生能够听录音，写出四个含短音 /e/ 的发音的词，能够辨认例词的词形。

2. 能力目标

（1）能通过听音，辨音等活动培养学生的语音意识，帮助学生归纳元音字母 e 在单词中发短音 /e/ 的规律。

（2）学生能够读出含有短音 /e/ 的 CVC 结构的生词。

（3）部分同学能在篇章中听出符合读音规则的含有短音 /e/ 的词。

3. 情感目标

（1）对课堂活动感兴趣，并积极参与各种活动。

（2）通过小组活动、分组比赛培养学生的良性竞争意识，增强集体意识。

（3）能逐步做到对符合发音规律的单词，见词能读，听音能写。

4. 策略目标

学会小组合作，与他人交流。

5. 学生分析

本课的教学对象是三年级学生，学生已经学习了一段时间的英语，学了字母，累积了一定的词汇，开始学记单词，还不会写句子。通过三年级上册字母的学习，他们在字母的音、形方面已经具备了一定的认识；在词汇的学习中对字母在单词中的发音已经有了一定的感知。

从语音知识的储备上看，学生已经掌握了 21 个辅音字母的发音规则，能够对应字母的 letter name and letter sound。同时，学生还掌握了 a 的短音的发音规律，能够初步拼读单词，在此基础上，学生能在老师的指引下，掌握元音字母 /a/ 的短音发音规则。

学生活泼好动，学习积极性高，接受知识快，表现欲强。

二、教材分析

本课内容是人教版 PEP Primary English Book 2 Unit 2 My family Let's spell 的内容。仔细分析教材以后，我认为语音教学最终是为阅读服务的，课本出现的例词要在句子或篇章中出现才是有意义的。因此我对教材内容进行了资源整合，借助《攀登英语阅读系列 有趣的字母》中"Red Ben"这个故事，在情境中呈现单词，让学生在情境中感悟，找规律，培养学生的探究学习能力，通过设计有梯度的各种活动，让学生在图文并茂的语篇中运用单词、改编童谣并创编故事，以培养学生的思维能力和综合运用能力。

三、板书

四、教学过程

1. Greeting and warming-up

T: Good morning, boys and girls. I like singing very much. Let's sing together a phonics song.

设计意图：一首动作有趣，旋律轻快的英文儿歌，在分组表演的过程中，很快就让学生有了轻松的心情，并在不知不觉中复习了字母和对应的发音，为新课的学习作好铺垫。

T: Now, let's play a game—Simon says.（PPT Show pictures）

Show me ten. Act like a hen. Act like an elephant. Fly like a jet. Shake your legs. Show me red.

设计意图：把含有 /e/ 音的单词汇编成有趣的句子，以 TPR 活动的方式，既激发了学生的学习兴趣，又让学生在不知不觉中增强听力的训练。

2. Presentation and practice

（1）T: Do you like red? Look at my dress. What colour is it? I like red. I have a friend. He likes red, too. What's his name?（幻灯片）引出本课的主角，Ben。What colour is his T-shirt? What colour are his shoes? What colour are his shorts? So, we call him Red Ben.（板书标题）

（2）T: Today I will show you a story about Ben. Look at the front cover. What do you think Ben might like to do? Now, let's read the story and find out.（幻灯片完整播放一遍故事）

设计意图：以旧引新，通过谈论老师的衣着与颜色，Ben 的衣着与颜色，引出本节课的主题。提出问题，让学生带着问题完整地看一遍故事，在语境中感受含有 /e/ 音的单词并找出问题的答案。

（3）In the story, Ben paints many things. Read the story again and tick the things Ben paints. T把故事中出现含 /e/ 音的单词以 mind map 的形式贴在黑板上。Do they like red?

设计意图：让学生带着任务听第二遍故事，并在 worksheet 上完成对应的练习。通过让学生观察故事中角色们的表情，对学生进行品德教育：不要把自己的意愿强加在别人身上。

（4）Read the words together.

hen, egg, elephant, lemon, eggplant

T: Which is the same letter? What's the sound of letter e?

设计意图：教师读板书单词，让学生感悟读音。通过让学生找相同字母和相同音，训练学生的思维，让学生自己找规律。

（5）e /e/配动作 four by four.

复习 /a / 与 /e/ 对比（幻灯片：Phonics kids 视频）

（6）A Bingo game. When you hear the /e/ sound, please say "Bingo". If not, please say "Bomb". 先全班，再4人抢答。

（幻灯片）she, ten, red, girl, bed, desk, juice, boy, leg, seven, pencil, milk

设计意图：让学生听音，训练学生辨音的能力。

（7）Blending.

T: I can make these words interesting. I can read them this way.

（幻灯片）ed en 各组合6个单词

bed ced ded fed ged hed jen ken len men nen sen

设计意图：让学生用读音规则读单词，培养学生见词能读的能力。

（8）Making words.

T:Pair work：Now it's your play time. Take out the letters from your envelope, put them on your desk one by one.

net jet hen bed

设计意图：培养学生听音能写的能力跟合作意识，通过摆字母，增加活动的趣味性。

（9）T: Do you know any other word with the /e/ sound?

在黑板的一角： well, bell, leg, net, pencil, seven, eleven, elf, elk

设计意图：拓展学生的词汇量。

3.Development

（1）Finish the story.

There are so many words with letter e. Letter e is very interesting and magic, it can make a story. But some words are missing. Can you help me finish the story?

设计意图：语音教学是为阅读服务的，让学生在小短文中运用单词，图文阅读是入门阶段必备的。

（2）A chant.

T: Letter e can also make a chant.（书本上的童谣）

设计意图：通过课本练习，巩固新学知识。

（3）Make a new chant or a story.

Group work：T: It's more interesting to make a new chant or a story.

设计意图：小组活动，培养学生的合作意识。通过创编新的童谣，用奖励所获得的单词编故事，培养学生的创造性思维，把本节课的学习推向高潮。

4.Consolidation

T: Today, we have learned letter e sounds /e/. Letter e can do many things. Do you like it?

5.Homework

Look, read and match.（先找出含有 /e/ 音的单词，再连线）

五、导师点评

本节课是一节语音课，教学设计与实施围绕语音教学的特点展开，整个过程结构清晰，目标明确，方法得当，教学实效性较强。

（1）语音与情境和趣味相结合。授课教师借助文本插图和朗朗上口的 chant 创设情境，帮助学生在有意义的直观具体的学习材料中理解抽象的语音概念，探究出字母在单词中的发音规律。

（2）教师采用说唱结合的方式，注重韵律，培养学生的语感，使乏味的语音教学变得生动有趣，深受孩子们的喜爱。

（3）课内语音教学内容与课外相关的语音教学故事相结合，丰富了语音课的教学内容，使学生在充分的语音材料感知中，开展自主探究，感悟出字母在单词中的发音规律，并能把习得的语音规律运用到故事的词汇拼读中。

（4）语音与听，说，读，写能力相结合。授课教师遵循"听说领先，读写跟上"的原则，巧妙地设计了听音圈图，拼读练习，听音组词等一系列活动，引导学生发现归纳发音规律，并学以致用，逐渐使学生形成"听音写词，见词读音"能力，为后续的英语学习打下坚实的基础。

（5）在本节课中教师在语音的教学中关注了学生学科素养的渗透，通过层次分明的活动，培养学生的拼读能力、观察力、推理判断能力、创新思维等。

附

课堂练习

Worksheet

Class_____ Name_____

Ⅰ. Read the story and "√". 读故事，"√" 出 Ben 画过的东西。
What does Ben paint? Ben 涂了什么东西？

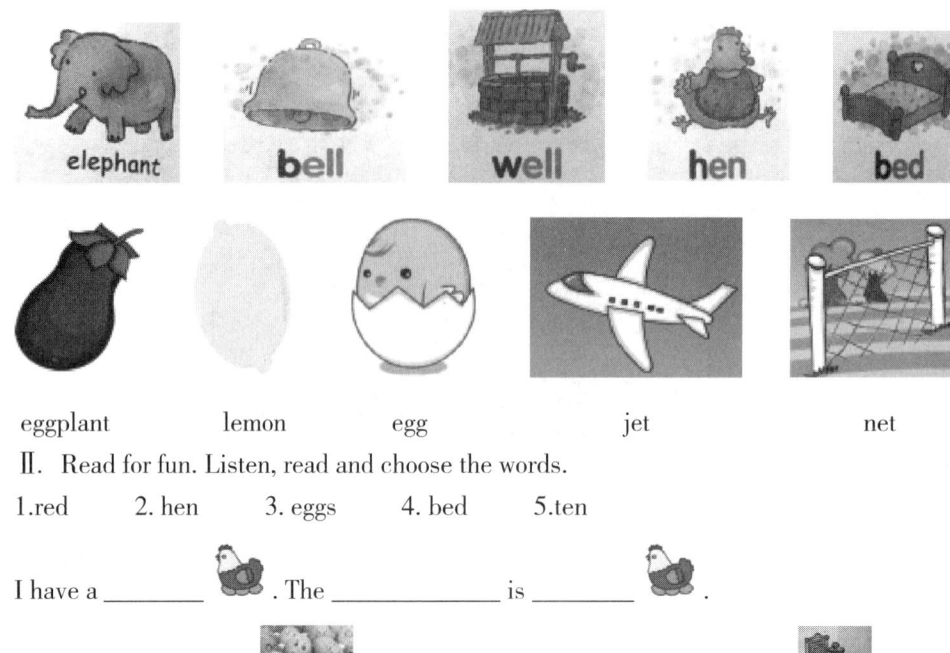

eggplant   lemon   egg   jet   net

Ⅱ. Read for fun. Listen, read and choose the words.

1.red   2. hen   3. eggs   4. bed   5.ten

I have a _____ . The _____ is _____ .

It has _____. Oh, no! They are on my _____!

艺体篇
YI TI PIAN

"高山、大海、江河"教学设计
（广东版美术第 8 册）

■ 广州市海珠区瑞宝小学　赵韶亮

一、教材分析

本课是广东版美术教材第 8 册的《大地与江河的乐章》单元的第二课，继前一课关于"优美"类型的作品欣赏后，本课是让学生感受作品中大山的巍峨，大海与河流的壮阔。教材中提供欣赏的作品有《在激流中前进》《香雪》《神奈川冲浪里》等经典作品，艺术家在这些作品中或以充满力量的宏大构图和粗犷有力的线条，或点、线、面结合的概括方法，或以充满想象力的夸张手法等形式展现出崇高而气势磅礴的美感。同时，大自然景象之宏大往往更能衬托出人的力量之勇敢与无畏，这在《在激流中前进》和《神奈川冲浪里》两幅作品中得到了充分的体现。

二、学情分析

学生在本单元的前一课中，学习了有关"优美"景色（小桥、流水、森林）的作品，懂得用一些合适的词汇或短句说出自己欣赏作品的感受。四年级学生对色彩、构图等简单的美术知识有了初步的理解，思维能力和表达能力有所发展，有的学生对于作品的分析会有自己的观点，但分析能力和表达能力还不够强，美术术语的掌握还比较少。喜欢参与各种形式的活动。

三、教学目标

（1）能认识以"崇峻壮阔"为主体的艺术作品，用合适的词汇或短语表达见解或感受。

（2）分析作品的形式美感，初步了解作品的内涵，尝试以大师作品为蓝本进行想象，提高欣赏作品的能力和创新能力。

（3）乐于参与欣赏活动，产生对"壮丽河山"美术作品的兴趣。

四、教学重点

能用合适的词汇或短语描述表达对"崇峻壮阔"为主体的美术作品的见解及感受。

五、教学难点

分析作品的形式美感特点，并能运用一定的美术术语。

六、教学策略

1. 情境创设策略

利用图片、音乐以及视频等多媒体手段创设美术欣赏课堂情境，学生在美感氛围中发现美，感受美，探究美。

2. 自主学习策略

先自主学习微课《神奈川冲浪里》，根据自己的感受和一定的欣赏方法，进一步学习和探究余下的教学内容，完成学案，并进行交流。

3. 多媒体游戏策略

以"游戏型课件"创设体验与探究的情境，帮助学生在美的氛围中欣赏和理解作品。

七、教学过程

1. 课堂导入

（1）课前交流，展示模拟实景。

（2）展示课题。

设计意图：通过交流，调动课堂气氛；通过观察，增强对壮美景色的感受。

2. 课堂发展

（1）展示作品，引导观察。

（2）播放《神奈川冲浪里》微课视频。

（3）引导学生从要点展开自主学习。

（4）指导学生完成学案。

①播放背景音乐

②引导学生感受和分析作品

（5）互动交流。

引导学生在互动中观察、感受作品的形式美感。

①线条 ②色彩 ③构图 ④内涵 ⑤……

（6）展示要求与范例，引导学生进行创意表现。

（7）组织学生交流分享。

设计意图：①初步感受作品。②学习微课，了解如何欣赏作品。③归纳知识要点。④根据知识要点学会自主探究作品，培养自主学习和举一反三的能力。⑤深入理解作品，巩固学习效果。⑥在表现体验中展现个性，深层次理解作品。⑦分享创意成果，吸取同学优点。

3. 评价与发展

组织学生进行小结与评价。

设计意图：互评与自评，反馈学习情况，促进知识沉淀。

4. 总结延伸

课后继续和同学交流，并且在班上展示作品。

感悟自然，感悟作品，让自己拥有发现美的眼睛。

设计意图：学会分享，学会发现美。

八、板书

高山、大海、江河

壮美的秘密 { 内涵 造型 构图 宏伟 线条 力量 色彩 …… }

汹涌澎湃　　粗犷有力　　恢宏概括　　雄伟壮丽　　厚实广阔

九、学案

《高山、大海、江河》学案

四年____班　姓名：_____

感受名作
1. 对《神奈川冲浪里》的感受：
2. 发现美 　　以下最感兴趣的作品是： 　　□在激流中前进　　□香雪　　□家住黄土高坡　　□秋山关外月
3. 感受美 　　①写上（或选择）词语表达对这幅作品感受： 　　□_____　□波涛汹涌　□雄伟　□壮观　□激昂　□淋漓尽致 　　②也可以试试说一两句话表达感受。
4. 探究美 　　①选择一两个方面来讲述这幅作品的美感。 　　□造型　　□构图　　□色彩　　□线条

致敬大师	学习评价
根据自己的感受修改画家的画，或者按今天学习的主题简单画出自己的创意。	本节课收获： _____ _____ _____ 表现好的方面： □参与活动 □表达自我 （口头或书面） □创意表现

十、导师点评

在本课的教学设计中，赵韶亮老师充分考虑了学生的学习水平、学习兴趣与课程内容以及核心素养培养之间的关系，注重课程设计的审美性、互动性、趣味性，具体如下：

（一）注重学生美术学科核心素养的培养

在教学设计中，赵老师注重从美术核心素养发展的角度设计本节课的学习内容和活动，引导学生从造型、色彩和构图等方面对大师作品进行分析和解读，进而理解作品的内涵，以"发现美""感受美""探究美"等步骤展开学习，在系列的活动中发展学生的"图像识读"素养和"审美判断"素养。

（二）现代技术手段丰富有效

赵老师本课中采用了微课视频进行教学。微课视频中对《神奈川冲浪里》的形式美感进行了分解分析，视频中发挥了多媒体技术的作用，与本课教学中的难点有机结合。通过微课的学习，学生对从哪些方面欣赏分析作品有了初步的了解，然后能以在微课中学到的欣赏方法展开对其他作品的自主探究，突出了生本理念。

（三）注重学生自我感受能力的培养

在本课的教学中，赵老师的导学是以微课和学案的形式进行。老师先展示微课视频，学生再完成学案，学案中"发现美""感受美""探究美"几个环节层层深入，有效引导学生自主完成从观察到感受，再到完成对"美"的探究的过程，将学科知识转化为学生的自我感受能力。

"前滚翻学案"教学设计

（人教版体育　水平二　小学三年级上册）

■ 深圳市罗湖区人民政府督导室　向苏龙

一、设计理念

本课以"健康第一"为指导思想，通过教师的主导，充分发挥学生的主体作用，通过带问题体验、练习、小组合作等方法来达到本课的目标。"前滚翻"教学重难点是团身紧、滚动圆，要点是提臀蹬地快低头，团身滚动像个球。从纵向看，它是以后学习复杂技巧动作的基础；从横向看，让学生掌握团身滚动技巧，可以把它运用到生活实际中去。本课的授课对象是水平二的学生，针对学生思维活跃、创造力丰富、模仿能力强的特点，采用体验、启发、合作探究等方法来完成教学任务。

二、学案设计

基于以上想法，本课教学思路：整个教学过程紧扣住从生活中导入（激起兴趣）→练习中思考（发现、解决问题）→学习中发展（拓展延伸）→游戏放松后评价这条主线教学。场地器材：约400平方米平地一块、CD机一个、电池8个；小垫子25张；废纸10张。

三、学习目标

（1）让学生初步了解前滚翻动作概念，并能说出动作要点。
（2）能积极主动地参与前滚翻的学习，80%的学生能完成前滚翻动作。
（3）发展灵敏、柔韧等素质，培养学生勇敢、团结合作的精神。

四、教学实施设计

（一）学习过程

课堂常规：体育委员整队集合、报告人数、检查着装、安排见习生、队列练习等。组织：四列横队。（约2分钟）

1. 生活中导入（约5分钟）

教师：同学们在日常生活中难免会有身体失去平衡向前摔倒，比如走路、跑步时绊到石头、排球运动员救球时身体失去了平衡和高处跳下时会怎么办呢？对，顺势一个向前或侧的滚翻，就可以避免危险，今天我们就一起来学习前滚翻。首先我们先来进行热身运动和专项练习。

热身练习：螺旋形跑。教师领做时注意掌控全面，注意安全事故。

徒手操：击掌操。上肢、体侧、体转、腹背、踢腿、跳跃等。

专项练习：头颈、腰部、膝关节、手腕踝关节。

组织：热身练习跑成大圆圈。

2. 练习中思考（约20分钟）

（1）学生带疑体验

下面请同学们带着问题——"怎样才能做好前滚翻"分散进行尝试练习，然后小组派代表总结，但一定要注意：有序练习，注意安全。

设计意图：该环节让学生自己体验并悟出把身体团成一个球有利于滚动的道理。

学生有所认识和体验后，教师："向老师发现有少数同学不敢滚，他害怕！怎么办？对，我们一方面要鼓励他勇敢点，告诉他不危险，没什么好怕的。"

教师示范前滚翻。以简练的语言讲解动作要领：一蹲二撑三低头，团身滚动像个球。教师示范保护与帮助，强调保护帮助时的安全要求。

注意事项：

第一、站位：侧。

第二、时机：当滚翻至臀部着地时。

第三、手法：两手顺势推他的背前送。

第四、目的：前送成蹲，即让练习者完成完整技术动作。

（2）解决重难点之一：团身

"刚才同学们在练习中得出了团成一个球方便滚动的道理，那么怎样才能团成一个球呢？低头、团身、腿夹紧，口诀：低头团身紧，滚动才能圆。下面同学们想想有什么办法解决团身不紧的问题呢？"要求各小组展示解说。

预计学习方法

第一，躺在垫子上抱膝、低头滚动，体会团身感觉。

第二，两膝、下巴下夹废纸、手帕，解决不低头、不夹腿、团身不紧问题，教师可以适当准备点废纸。

（3）解决重难点之二：滚动

"解决了害怕和团身的问题后，有的同学出现了滚不动的情况，想一想原因在哪？原来无论圆也好，球也好，它自己不会滚动，得借助力的作用，如地球的重力、人的推、蹬力等。下面同学们边练边想有什么办法解决滚不动的问题呢？"要求各小组派代表展示解说。

预计教学方法

第一，提臀、蹬地；垫高垫子，形成斜坡。

第二，同伴保护与帮助。

（4）归纳总结要点

通过学生总结、教师引导得出前滚翻要点：提臀蹬地快低头，团身滚动像个球。

设计意图：学生带着问题体验、讨论、练习、思考，从而得出解决问题的办法，最后归纳出前滚翻要点，整个过程充分发挥学生的主体作用。

3. 学习中发展（约7分钟）

（1）进一步提高技能。教师："同学们能否结合前滚翻创新动作呢？如：前滚翻起接敬礼、挥手亮相、连续前滚翻等等。同学们试一试。"要求展示解说。

（2）拓展延伸。教师："今天我们学习了前滚翻，但是到底有什么用呢？同学们结合生活实际,发挥集体智慧，要求模拟展示。"

可能情况：

走路时不小心绊到石头向前摔倒时接前滚翻。

排球倒地救球后顺势接前滚翻。

足球比赛被铲倒时顺势前滚翻。

街上行走后面被撞，顺势向安全地带接前、侧滚翻。

高处跳下，马上接前滚翻。

教师：原来前滚翻这么有用，我们可得好好学习，并非常熟练地掌握。其实滚翻家族中还有后滚翻、侧滚翻、前侧滚翻等等，以后的体育课中我们还要学习。

设计意图：以上两个环节结合日常生活，既培养了学生的创造和自我保护的能力，又增加了学习的趣味性，有助于顺利完成教学任务，还为以后的教学埋下了伏笔。

4. 练习中提升体能（约10分钟）

四个大组四个练习——俯卧撑、半蹲跳起、背肌练习、仰卧起坐循环练习，听到口哨声各组顺时针循环。

（二）教学预计

（1）练习密度70%，运动负荷每分钟130次。

（2）可能出现的问题及安全措施：注意组织，做好准备活动；个别困难生，注意保护、帮助和鼓励。

五、导师点评

前滚翻教学学案设计，给我们提供了一份完整的笔记式教案设计范例，教案格式比较规范、内容充实，具有一定借鉴意义。该任课教师能把动作技术教学，自然地融入从"设疑、体验、拓展练习的自我动作创新"的"叙事"过程，教学设计从"实用"开场，学生"探究创新"结束新授内容的学练，给人留下深刻印象。在教学内容的进程中，相应设计了恰当的教学方法，并从学生学情实际出发设计了适当的学习方法，基本上符合前滚翻的动作学习规律。该学案教学重点、难点把握准确，教学中重难点相对应的教学设计合理，教学从易到难、循序渐进，教学主要内容部分设计较为合理。同时，从前滚翻的实用性，强调了前滚翻学习的意义，会进一步加强学生对该动作学习的重视。建议：中小学体育课更加重视课堂的练习密度和强度，每一组的练习应该更加精细一些，确保教学设计目标的实现。前滚翻作为技巧动作之一，在强调其实用性、锻炼价值的同时，也应通过动作示范展示前滚翻的动作之美，通过语言评价，使学生认识前滚翻"美的标准"，进一步体现体操技巧的魅力，提高学生对竞技体操的欣赏能力。

"制作气垫船"教学设计

（大象版科学 二年级下册）

深圳市福田区南华小学 李 彤

一、教材分析

二年级下册的重点落实在"表达交流、反思评价"这两个科学探究要素上，所以本课设计的思路是在老师的引导下，给学生提供一些教学资源、构建一个学习环境，由学生组建探索团队，制作气垫船并对其进行改进。在这个过程中，学生将经历"确定任务——设计方案—制作产品—反思评价"的项目式学习全过程，参与简单有趣的气垫船的制作与比赛，对探究过程与结论进行简单的讲述，通过与同学讨论、交流，能初步反思探究的过程，在设计制作活动中感知表达和交流的益处，也为后面单元有重点地培养学生表达交流、反思评价的探究能力做铺垫。

二、学情分析

二年级学生好奇心强，喜欢在动手做的情境下学习知识，但对科学的一切依然觉得新鲜、好奇，所以学生的学习积极性和兴趣也很容易调动，他们已经有一定的观察动手能力，对于气体、压力有一定的前概念，制作能力弱而且个体差异较大，他们的认知还比较模糊，需要通过有效的探究实验、分析充分的证据找出原理，构建科学概念，提升创造技能。

三、教学目标

（1）能通过亲身实践，制作出气垫船模型。
（2）在教师指导下，初步体验反思探究的过程。
（3）在教师指导下，能简要讲述探究过程与结论，并与同学进行讨论、交流。

四、教学重难点

能简要讲述探究过程与结论，与同学进行讨论、交流，并能初步体验反思探究的过程。

五、教具准备

（1）学生材料：纸杯、塑料饭盒、剪刀（适合低年级学生使用）、油性笔、实验记录表。
（2）教师材料：课件、气垫船模型等。

六、教学用时

1课时。

七、教学过程

（一）创设情境，导入学习

气垫船这一内容对二年级学生来说本来就是非常具有吸引力的，所以在教学导入时，老师借助适合此年龄段的谜语引题激发他们的好奇心，再借助多媒体播放一些有关气垫船的视频资料给学生以视觉上的冲击，使得学生的探究欲望得到大大地提高。

1. 谜语导入

师：同学们，老师这里有一个谜语："个子像楼房，声音像汽笛。只在水里行，不在路上走。"请大家猜猜这是什么物体呢？

生：船。

师：今天给大家介绍一艘与众不同的船，请大家睁开你的大眼睛好好瞧瞧哦！这是什么船呢，你们见过吗？（播放气垫船在海上飞驰的视频片段。）

生：这是气垫船，我在电视上看过……

2. 揭示课题

师：你真棒！真是见多识广啊！那你们想自己拥有一艘属于自己的气垫船吗？

生：想！（全班学生齐答）

师：那今天我们在科学课中学习做"我的气垫船模型"。（板书主题）

（二）小组合作，设计方案

让学生通过对图片的观察和对简单文字的理解，简单了解气垫船的原理，为后面的制作环节做好准备工作。

1. 阅读资料

师：同学们，今天老师要举行一个气垫船模型大赛，大家想不想作为参赛选手来参加比赛啊？（学生迫不及待地说想）那现在先请大家认真阅读老师发给大家的关于气垫船的相关资料。并思考问题：气垫船为什么能离开水面？

生：气垫船可以将空气向下吹，船就可以被吹起来，所以船就会离开水面。

师：你的理解能力真好，所以同学们听懂了吗？气垫船会将空气向下吹，在船底与水面之间形成气垫，从而脱离水面。（教师结合图片给学生讲解）

2. 准备工具与材料

师：我们现在进行第一个任务：选材料。我们先认识材料：有纸杯、塑料饭盒、剪刀、油性笔。（学生认识材料）

师：在正式开始制作前，老师有几点温馨提示：第一，认真倾听每一个步骤。第二，使用剪刀要注意安全，不可以对着人。第三，音乐响起实验才开始，音乐停止时，希望同学们把材料放在原来的位置上，然后坐端正。（音乐响起，学生按要求整理材料）

（三）制作产品，调试修改

老师在制作气垫船模型活动中有意识地提出对科学课的要求（规范、安静、有序），让学生在活动中慢慢地渗透，养成良好的行为习惯，并且一开始就提出比赛这个活动，激发学生的兴趣，会更加投入气垫船模型的制作。

1. 了解步骤

师：现在我们一起来看看具体的步骤。（教师通过幻灯片中的微课视频一步步展示并讲解气垫船模型的制作过程，微课视频比图片和文字更适合二年级的学生，让学生可以更清楚知道如何制作）

师：在制作中，我们要注意哪些地方？你们会做了吗？谁可以做小老师，给大家再讲一遍制作过程？

生1：……（请学生按指定的模板讲述制作过程，有意识地培养学生的表达能力，对后面的表达交流环节作铺垫）

2. 动手制作

师：大家清楚怎么制作了吗？

师：那我们开始吧！

（学生制作模型，教师巡视指导）

3. 调试改进

（停止音乐响起，同学们放下手中的工具，停止制作）

师：那么请大家看过来，这是A同学做的气垫船模型，我想让它动起来，该怎么做呢？（请一个学生上来演示）

师：大家也试试自己的小船能不能动起来？试试怎样才能让气垫船前进得更快呢？

生2：朝着前进的方向吹。

生3：用力使劲吹……

师：好了，相信大家已经做好比赛的准备了，现在请各位参赛选手们放下自己的小船，竖起耳朵，认真听比赛规则，违规的选手会被淘汰出局的哦！

（幻灯片出示比赛规则，以小组为单位，在同一起点终点，每次比赛两人同时进行，先到终点者胜，每组选出1个冠军）

（四）表达交流，反思评价

在这个环节，教师要多给学生表达交流的机会，可以先请表达能力强的孩子在全班进行表述，教师给予修正和评价，教师先请获胜者谈谈成功的经验，在这个时候恰当地去表扬善于倾听的学生，有意强调倾听的习惯，教师再对成功者的语言进行修正，为学生梳理出规范的表达评价的方式，然后让学生在小组内进行表达交流，尽可能让每一个人都能够经历这一探究过程。

师：有哪位获胜者愿意来谈一谈自己成功的秘诀？

（在幻灯片上呈现描述要求，引导学生从制作过程和气垫船比赛过程两方面来谈谈成功的经验。）

生：我制作的时候圆洞剪得很圆、我很用力地吹起、我把空气吹到杯子的这个位置（手指向杯子内壁的前方）

师：非常棒！刚刚这几位获胜者的经验，对你们有帮助吗？相信大家都有自己的经验和心得，请大家在组内分享一下吧，每一个人都要说一说，也要学会倾听哦！也可以在别人分享完后，给别人提提改进的建议哦。

师：同学们，如果老师再一次举行气垫船比赛，你会取得更好的成绩吗？你会如何改进呢？刚才其他同学的经验以及他们提出的改进建议，哪些是对我们有帮助的？请把它们记录在老师发给你们的表格里。

师：今天各位参赛者们的表现都太棒啦！老师希望大家能够结合各自的经验和建议，回去再次制作并实验，使气垫船模型前进得更快！同时，大家今后可以与同学多多交流经验，这样你就可以在最短的时间内积累更多成功的经验和失败的教训了，那你离冠军还远吗？

八、教学反思

（1）项目式教学提供学习平台。针对二年级学生的心理特点，科学课主要以从做中学的方式展开学习以提高学生的参与度。因此我设计了经历"确定任务—设计方案—制作产品——反思评价"的项目式学习过程，让学生在学中玩、玩中思。

（2）视频导入激发兴趣。气垫船等交通工具对二年级好动的孩子来说是很有吸引力的，利用视频导入，再一次将学生的探究欲望推至高点，使得学生更加专注，后续的教学环节更容易进行。

（3）利用多媒体解决困难。由于能力限制，低年段的儿童动手制作完整的实物模型还是有相当难度的，教师做了微课视频介绍制作过程，有趣的微课视频也能够吸引住学生的眼球，使每个学生都清楚制作的步骤，很好地解决了难题，保证探究的成功性。

（4）实验材料简易、易得。根据低年级学生的行为特征，在学生能力范围内，选择让他们易操作又易获得的材料，以此保证在课堂和在家里都能够完成探究活动，最终达到教学目标。

九、导师点评

教学目标达成。学生通过真实地开展气垫船的设计与制作，了解了相关的科学知识，培养了系统、整体思考的能力，提升了使用工具、组装调试的技术水平，特别是表达与交流、反思与评价的科学探究技能得到了扎实的训练。

"黄河船夫曲"教学设计

（花城版小学音乐六年级下册）

■ 深圳市翠竹外国语实验学校　叶　梅

一、设计理念

基于学生音乐素养的提升，本学案的设计目的：让学生了解音乐表现手段（旋律、力度、速度、节奏、情绪等）在音乐表现中的作用，感受音乐形象及其象征意义，从而弘扬民族精神，激发学生的爱国情怀。为此，整节课以多媒体为主，通过形象直观的上下对比、分层解析，引导学生自主学习感受、总结归纳理解音乐及相关文化；在听、唱、动、思中感受美、理解美、表现美，体现音乐寓教于美的思想，并且在参与音乐实践活动中获得音乐知识、概念和技能。

二、学案

板块一：诗词朗诵进入新课学习

> 朋友！
> 你到过黄河吗？
> 你渡过黄河吗？
> 你还记得河上的船夫
> 拼着性命和惊涛骇浪搏战的情景吗？
> 如果你已经忘掉的话，那么你听吧！

板块二：以学定标　欣赏歌曲

1. 课前个人学习单学习情况检测

附个人学习单：

请看着歌单欣赏合唱曲《黄河船夫曲》，再查阅资源包内提供的与歌曲相关的文字、视频及图片，回答以下问题：

（1）《黄河船夫曲》曲作者是_____，词作者是_____；

（2）《黄河船夫曲》是出自_____的第____乐章；

（3）《黄河船夫曲》这首歌曲运用了_____演唱形式；

（4）《黄河船夫曲》的歌曲创作上运用了_____音调素材；

（5）熟记歌曲第一、二部分的主题旋律。

2. 欣赏混声合唱《黄河船夫曲》

讨论听后的感受，说说歌曲分几个部分。

3. 提出问题，制定本课学习目标

板块三：展示交流　彰显个性

1. 小组学习，合作探究

小组学习单①

请结合音像视频或图片展示，介绍《黄河大合唱》创作的时代背景及这部作品的伟大意义。

小组学习单②

请结合音像视频或图片展示，介绍《黄河大合唱》分为哪几个乐章，各乐章均采用了哪些表演形式？

小组学习单③

请结合音像视频或图片展示，讲述《黄河大合唱》诞生的过程和背后的轶闻趣事。

小组学习单④

请结合音像视频或图片展示，介绍冼星海的生平事迹。

小组学习单⑤

请结合音像视频或图片展示，说说为什么黄河是中华民族的母亲河？说说你了解黄河哪些知识？

2. 每组选派代表发言，分享搜集到的相关内容和信息，时间为两分钟。老师可在旁补充。

板块四：拓展延伸 学以致用

1. 问卷星检测学生学习本节课的情况；

（1）《黄河船夫曲》的音调、节奏以及众领众合的演唱形式使歌曲具有鲜明的_____特点。

A. 山歌　　B. 劳动号子　　C. 小调

（2）《黄河船夫曲》运用了哪种演唱形式？

A. 混声合唱

B. 女声合唱

C. 男声合唱

D. 男女声合唱

E. 领唱

（3）《黄河船夫曲》可将歌曲划分____个乐段。

A. 三个乐段

B. 二个乐段

C. 四个乐段

（4）《黄河船夫曲》是《黄河大合唱》的第____乐章。

A. 八　　B. 二

C. 七　　D. 四

E. 一　　F. 六

（5）《黄河大合唱》创作于____年3月。

A. 1949

B. 1935

C. 1939

（6）《黄河大合唱》的词曲作者分别是_____、_____。

A. 田汉　聂耳

B. 光未然　冼星海

（7）《黄河船夫曲》中歌曲乐段的划分主要是根据_____。（此题可多选）

A. 节奏　　B. 力度　　C. 速度　　D. 情绪　　E. 旋律　　F. 音乐要素

（8）《黄河大合唱》一共有____个乐章。

A. 九　　B. 二

C. 七　　D. 八

E. 四　　F. 六

板块五：盘点收获 自悟自得

（1）谈学习感受及收获。

（2）听老师小结。

（3）以开场的诗朗诵结束本课，听着郎朗弹奏的钢琴协奏曲《黄河》走出教室。

三、教学目标

（1）欣赏感受《黄河船夫曲》这部混声合唱作品的磅礴气势。

（2）感知歌曲中音乐要素（旋律、力度、速度、节奏、情绪、演唱形式及劳动号子等）的变化呈现的不同音乐形象及各段所表现的不同情绪。

（3）感受音乐形象及其象征意义，从而弘扬民族精神，激发爱国主义情怀。

（4）了解人民音乐家冼星海的生平事迹及《黄河大合唱》这部作品的伟大意义。

四、导入新课（2分钟）

（1）师生问好。

（2）出示课题，课前检测学习单内容。

（3）诗词朗诵导入新课。

设计意图：建立融洽的课堂师生关系，检测学生课下自主学习情况，调动学生的课堂积极性。

五、新课教学（20分钟）

（1）带着问题完整听赏《黄河大合唱》第一乐章《黄河船夫曲》（3′46″）（播放课件MP3，提出问题）。

问题一：说说听完这首歌曲后的心情是怎样的？

问题二：边听边思考这首歌曲可以划分几个部分？

问题三：听完这首歌曲，你想知道什么，你想了解什么？

（2）讨论：①说情绪；②划分段落；③提问题。

（3）分段欣赏。

①欣赏第一部分：

A. 师生用鼓和打棒体验劳动号子音调素材，展现黄河上的船夫拼着性命与惊涛骇浪搏战的情景。

B. 辨听哪首是劳动号子？感受劳动号子在歌曲中的作用。

②欣赏第二部分。

A.哼唱第二部分旋律。

B.感受两段不同音乐的形象和情绪。

③欣赏第三部分（即尾声部分）。

找出第三部分关键词，说说为什么要用四个"决一死战"，完成下表。

音乐要素	第一部分	第二部分	第三部分
节拍	3/4 2/4	4/4	同第一部分 由强渐弱、由近渐远 回到第一段的速度 密集、紧凑
力度	强	稍弱	
速度	快	稍慢	
节奏	密集、紧凑	稀疏、宽松	
情绪	激烈、紧张	平静的、舒缓的	
旋律	跌宕起伏	平缓	
表现的音乐形象	黄河船夫拼着性命与惊涛骇浪搏斗。音乐充满战斗的力量。	表现船夫们穿过了急流、靠近了河岸的那种欣喜。	黄河船夫与急浪、险滩的搏斗，象征着中国人民与日本帝国主义日趋激烈的民族矛盾。

（4）再次完整地欣赏混声合唱《黄河船夫曲》视频，说说还想知道什么？了解什么？（3′46″）

设计意图：①此环节为着重解决教学重、难点部分的内容。②运用多种教学手段帮助学生理解音乐特点。③从听觉到视觉、从抽象到具象，从聆听到参与到音乐中，用律动、打击乐器、哼唱旋律等方式让学生对作品有深刻的理解。

六、小组学习，延伸拓展（10分钟）

（1）分八个小组进行个性化学习，完成小组学习单（2分钟）。

（2）小组展示，学习分享（8分钟）。

七、问卷测评，总结下课。（8分钟）

1. 进行趣味抢答，测评学生对本节欣赏课目标达成情况

2. 师生小结

（1）学生谈学习感受及收获。

（2）教师小结：同学们，《黄河大合唱》诞生已经78年，但其并没有因为岁月的改变、时代的变迁而被人遗忘，相反却被越来越多的人传唱。此时此刻我们再听《黄河大合唱》，就更多了一种勿忘苦难、心存危机的现实意义。这部作品对中华民族所起的精神激励作用依然存在！今天老师和你们一样，都是新时代的黄河船夫，我们都有责任为中华民族的伟大复兴、早日实现中国梦贡献自己的力量。同学们，你们还记得开始上课时朗诵的

诗吗？在这节课即将结束的时候，让我们再次朗诵这段激昂的文字吧，我相信你们一定会读出爱国的激情和民族的自豪感：

朋友！

你到过黄河吗？

你渡过黄河吗？

你还记得河上的船夫

拼着性命和惊涛骇浪搏战的情景吗？

如果你已经忘掉的话，那么你听吧！

此处应该有热烈的掌声，感谢同学们，让我们在郎朗的钢琴协奏曲《黄河》的乐曲声中走出课室吧！

八、板书

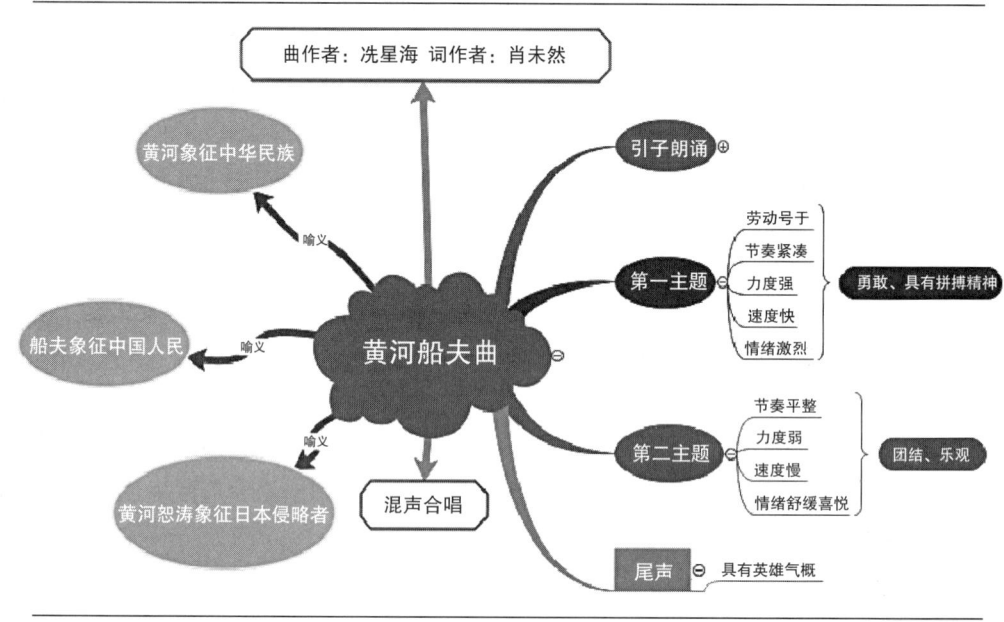

九、导师点评

本节课是一节典型的利用现代信息技术的教学课例，在叶老师的教学中有下列特点：

（1）转变教与学的方式，从以"教"为中心的课堂转为以"学"为主的课堂，借助现代信息技术等多媒体的手段，平板电脑及手机等的运用使学生在图、文、声、像中自主欣赏《黄河船夫曲》及相关的音乐文化知识，极大地丰富了教学内容，使音乐欣赏在视与听的学习过程中获得知识，情感得到激发和提升。

（2）准确制定教学目标，叶梅老师能认真钻研教材，根据六年级学生年龄及心理特点，根据学生对这首音乐作品的感知能力制定了符合学生水平的教学目标。

（3）教学内容紧扣教学目标，采用灵活多变、边学边导边认定的方式进行导学达标。在欣赏《黄河船夫曲》中先让学生提出问题，然后让学生带着问题在平板电脑《黄河船夫曲》资源包里去找寻答案，再与学生一起关注音乐的要素去分段欣赏音乐，掌握歌曲各段表现的情绪，随后让学生建立学习共同体，在小组合作中了解作品、创作的时代背景、作品诞生的过程和作者生平事迹。

（4）教学方法遵循音乐欣赏教学的原则和学生的实际灵活多样，充分体现了现代音乐教学的理念，突出了音乐教学的两大特点：一是以听觉为中心，二是参与。通过听、唱、奏、视、动、写、忆、创等多种手段的配合，引导学生进入音乐的天地中去感受音乐，理解音乐，鉴赏音乐，创造音乐，并且在音乐实践活动参与中获得音乐知识、概念和技能。

（5）重视信息反馈及达标测评。不仅在教学的四个环节中，及时反馈及时引导，在达标测评中也能紧扣教学内容，设计问卷将课堂气氛及学生学习的热情推向高潮。

"小酒窝"教学设计

（人音版音乐小学三年级上册）

江门市江华小学　谢国刚

一、设计理念

本学案设计，主要遵循音乐"感知—体验—创造"为主线，让孩子们在轻松、愉快的氛围中学习音乐，感受音乐带来的美。教学由"知识技能传授"向"关注学生情感发展"转变，引导学生音乐想象力、表现力等音乐学科核心素养的发展。

二、学习目标

（1）学习用听视唱结合学习歌曲《小酒窝》，让学生体会歌曲抒情、活泼的音乐情绪，表达出对童年生活的回忆与热爱。我们要珍惜今天的幸福生活。

（2）引导学生创编动作与师生互动的交流，学习以动作来表现体验自己的情感，有感情的演唱《小酒窝》，并进行表演。

三、教学实施设计

（一）学习目标

1. 律动课堂

（1）随乐曲（自选乐曲）自编动作进室，要求自创，有较规范动作要求，主要引导学生跟随音乐节拍或节奏。

（2）发声练习：1 2 3 4 ｜ 5 — ｜ 5 4 3 2 ｜ 1 — ‖
　　　　　　　　li　　　li　　　li　　　li

（设计意图：运用身体动作感受音乐速度变化对音乐表现的作用，培养学生的合作与创新能力；让学生在发声练习中初步产生表现音乐的欲望。）

（3）节奏小练习：（结合学唱歌曲基本节奏进行拍手练习）

① ×× ××｜× ×｜

② ×× ××｜× ×｜× · ×｜×× ×｜

③ ×× 0×｜× 0｜×× 0×｜× 0｜

设计意图：培养学生的节奏感，为歌曲学唱做铺垫，拍手为综合性表演打基础。

2. 新课学习

（1）导入。

师：今天老师要看看你们的表演能力！请三位同学分别表演哭、笑、怒三种表情！比一比谁表演得最像！并说一说，你最喜欢哪种表情？

（2）师：老师最喜欢某某学生的笑，因为看到他特别开心，尤其是他的那对小酒窝很可爱，老师今天带来的歌曲就叫《小酒窝》。

设计意图：利用表情表演，形象、活泼。活跃了课堂气氛又诠释了题意。

初次聆听（学生交流，可动可唱）请同学们仔细聆听，歌曲的情绪怎么样？速度怎么样？

生：……（情绪：甜美，喜悦。速度：稍快）（请小朋友看看咱们班谁笑起来有小酒窝？有小酒窝的小朋友笑得怎样？）

（3）再听录音，你能听出是一二还是一二三吗？（随音乐拍手感觉）；有没有没见过的音乐符号？（顿音符号、下滑音符号、前倚音）

顿音记号：小小的倒三角、表现得轻巧、跳跃、短促。同学们跟着老师感受一次（读一遍）

下滑音：小蚯蚓。身上滑溜溜的，读的时候有种往下滑的感觉。

前倚音：是由一个音组成的，在主要音的前面，和主要音相距二度。

（同学们来分别演示一下，大家来评判。两人一组，一人说词，一人给所说词语加上顿音符号、下滑音符号读一遍）

设计意图：让孩子们在聆听的过程中感受了二拍子与三拍子的区别及一些基础知识，避免了枯燥的乐理讲授过程。

（4）教师范唱歌曲，引导学生发现节奏特点，结合节奏练习：在××　×处集体拍手；学生模唱学习歌曲（部分学生按节奏拍手、部分学生模唱；轮换进行）。

用LU哼唱：重点：（3 1 0 6｜3（#3 3）｜5 3 0 5｜6（#6 6））｜）

3. 重难点突破

（1）按节奏朗读歌词（重点读准：左边0一｜个0｜右边0一｜个0｜读准八分休止处）。

（2）听音乐在主要节奏处分别用稍快、中速、慢速让学生集体试唱，说说用哪种速度表现长有小酒窝甜美、可爱的小朋友的喜悦心情？

（3）轻声用甜美的情绪、稍快的速度，有感情地演唱歌曲。

第一步要求：

非常好，大家非常热爱唱歌，可是，我们还在歌曲试唱阶段，所以请同学们控制音量，小声地进行演唱，请注意，声音要甜美喔！

第二步要求：

同学们唱得非常好！不过，你们虽然唱得小声，老师还是发现了有的地方唱得不准确。没关系，我们在学习当中，难免会唱错。老师怎么没有听出来开心、俏皮的感觉呢！那是因为你们没有把下滑音的感觉唱出来。跟老师一起唱"呀子喂"。

第三步要求：

孩子们，我们已经学的差不多了，现在由老师来范唱，同学们要注意聆听。

设计意图：利用已训练的节奏套入所学歌词，突破了难点。老师采取由浅入深，循序渐进的教学手段，引导学生逐一突破教学重难点，同学们在轻松、欢快的学习中掌握了音乐的演唱风格。

4. 创编表演

（1）引导学生，创编优美的舞蹈动作来表达自己喜悦的心情。

（2）小组合作，自编动作表演歌曲《小酒窝》。

（3）先分小组展示创编成果，再从学生的自创动作中选编成游戏进行表演。

设计意图：综合性音乐表演，将歌曲、律动、伴奏结合在一起，培养学生的合作能力和表现能力，通过多元的艺术形式去感受、体验、探索、表现音乐。

5. 拓展延伸

小小酒窝是甜蜜的，也是幸福的。在我们每一个同学身边，有亲爱的爸爸妈妈爷爷奶奶还有亲爱的老师、同学，有这么多关心爱护你们的人，你们的成长进步是他们的骄傲。你们是多么幸福啊，老师真为你们高兴。在这里请对他们真诚地说一声"谢谢你"！

谢谢同学们让老师仿佛回到了童年，你们的生活是如此美好和幸福，希望大家好好学习，开开心心地过好每一天，谢谢全班的孩子们。让我们在《小酒窝》的歌声中慢慢走出教室，结束今天的音乐课，让我们记录完美的瞬间吧！

设计意图：音乐教育陶冶学生情操，引导学生热爱美好生活，树立良好的人生观和世界观，充分体现艺术教育的"育人"功能。

（二）板书

《小酒窝》

2/4拍，五声羽调式。
曲式结构：四个乐句构成的一段体儿童歌曲。
音乐情绪：轻松、活泼
情感符号：顿音符号、下滑音符号、前倚音

四、导师点评

该课例，歌曲教学中始终坚持以培养学生的听觉能力为先。通过范唱让学生对歌曲作品有一个完整的认识，并要求学生运用优美悦耳的声音来表现歌曲中儿童活泼、可爱的形象，教学中多用听唱、模唱的方法。通过多次呈现的音乐旋律，让学生有整体的音乐感知，避免了逐句教唱的死板；特别是教学中知识设计层层递进，顺利的突出重点、突破难点；学生在歌曲激情演唱部分，由于演唱习惯不经意就会变成"喊唱"，采取的轻唱法改正了孩子们的演唱方法，在无形中培养了学生的乐感。

同时，教师很好地把握了歌曲浓郁的民族风格，在教学过程中，关注音乐情感的教学，通过欢快、活泼的旋律，生动、富有童趣的歌词，巧妙地引导学生珍惜美好生活，体现出一种甜美欢乐的心情。特别是教唱学生富有弹性的顿音演唱效果，展示欢快的情绪，很好地刻画了一个长有小酒窝、甜美欢笑、天真可爱的儿童形象。

本节课，孩子从头到尾都是在"开心愉悦"的氛围中学习音乐。孩子们的真挚是无价之宝，孩子是最纯洁的，课堂上孩子的稚嫩歌声，为音乐课堂增添无限生机！

第十课 "蓝鸟"教学设计

（湘教版音乐一年级上册）

■ 茂名市愉园小学　李思娜

一、设计理念

《蓝鸟》歌曲旋律优美轻松、结构简单明显。所以这节课主要以集体舞的形式进行歌曲的学习。我对这节课的设计基本遵循以音乐为主线，由易到难，由点到面的原则，让动作与音乐慢慢地渗透到孩子的心中。为了不让这节课停留在单一的动作表演这个层面上，我在队形上设计了一定的变化，这样能让学生自主、积极参与音乐学习。《蓝鸟》这首歌曲是一首很典型的运用了变化重复的创作手法编写的一首儿童歌曲。为了让孩子们能感受乐句的这一变化，导学设计上让学生运用了游戏的形式自主学习，学生反复聆听音乐，让学生在听、唱、演中感受乐句重复变化的特点，让学生从小就积累音乐要素。

二、教材分析

《蓝鸟》是一首美国儿歌，一段体结构，歌曲节奏简洁明快，旋律流畅上口，歌曲表现了孩子们在音乐中快乐交往、传递祝福的情景。歌词用第一人称表现了渴望"蓝鸟"把"我"的祝福带给大家的美好愿望，表达了孩子们在音乐中快乐交往中传递祝福的情景。

三、学习目标

（一）技能目标

（1）能用拍手、跺脚模仿节奏表现歌曲。
（2）能用不同的演唱形式表现歌曲，培养学生参与能力和创编能力。

（二）情感目标

（1）学生能带着美好的祝福，用真挚、热情的歌声表达歌曲情感。
（2）能在老师创设的情境中，快乐地与他人合作，进行集体舞的表演。

（三）价值目标

（1）在游戏中感受与认识乐句变化重复这一创作手法。
（2）让学生在歌词创编的过程中初步感悟音乐与社会生活的联系。

四、学习重难点

（一）学习难点

（1）集体舞的动作。
（2）拆句游戏。

（二）学习重点

（1）学生用真挚、热情的声音表达歌曲情感。

（2）集体舞动作的学习。

五、教学实施设计

本课是以歌唱、表演为主的综合课，学习歌曲《蓝鸟》的演唱和集体舞《蓝鸟》的表演。

座位排列示意图：

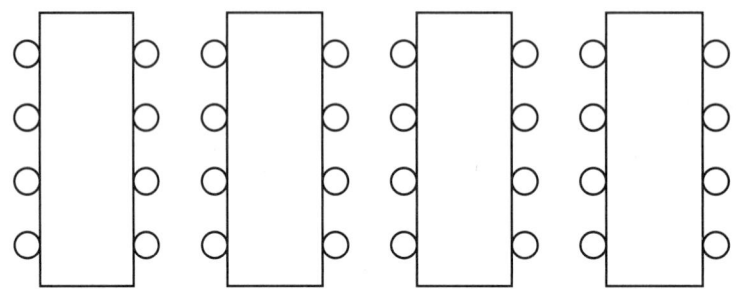

板块一：游戏导入

游戏1：（音乐1）

找朋友（两个人相互拍手的游戏，感受四二拍的强弱关系）

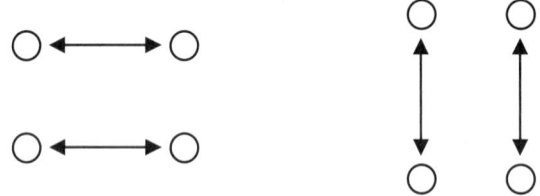

游戏2：（音乐2）

层次一：拍手 + 踏步。

层次二：拍手 + 造型（动作由学生自主设计）。

层次三：学生自主设计，邀请小伙伴表演。

设计意图：游戏是引发学生学习音乐欲望的有效途径。新课标提出："兴趣是学生学习音乐的基本动力，是学生与音乐保持密切联系、享受音乐、用音乐美化人生的前提。"在导学中，抓住学生求趣的心理，利用音乐游戏增强学生学习音乐的趣味性，激发学生学习音乐的热情，促进学生自主学习音乐。同时，本环节的游戏活动让学生感受了四二拍的强弱关系，游戏中的舞蹈动作都是为歌曲《蓝鸟》的教学作铺垫的。

板块二：学习《蓝鸟》集体舞

层次一：学生用统一的动作并随歌曲音乐单独跳舞或拍手（图1）。

图1

层次二：邀请舞伴互动跳，注意在最后加入行礼（图2）。

图2

层次三：在队形中跳舞，交换舞伴。

设计意图：根据一年级的学生特点，在这个导学环节，采用由易到难的方法，在游戏二的基础上，把舞蹈动作配上《蓝鸟》的歌曲，让学生从感性上认识歌曲，由点到面使动作与音乐慢慢地融入孩子的心中。

板块三：歌曲演唱

1. 拆音符游戏（加入拍手）

层次一：拆单音如 5 → 5 5。

层次二：拆双音如 5 5 → 5 5 5 5。

层次三：拆不同音高的双音 如 5 3 → 5 5 3 3。

层次四：用听觉找到曲谱中被拆开的音符，并用声势拍击出来。

教师范唱乐谱：教师提问题"老师把哪两个音符拆开了？"

用手势拍击出来。（学生回答以上的问题并用手势拍击节奏，实现教学技能目标：能用拍手、跺脚模仿节奏表现歌曲）

2. 听唱学习（教师用琴带唱）

（1）用琴带唱歌谱。

（2）听歌曲范唱，提问歌曲中唱的是什么动物？
（3）再次听歌曲范唱，师提问：《蓝鸟》为小朋友们带来了什么？
（4）逐句学唱。
（5）歌曲处理。
①连线：圆滑线，要求唱（奏）得连贯、圆滑。
②歌曲的情感处理：完整地演唱歌曲。（实现导学情感目标：学生能带着美好的祝福，用真挚、热情的歌声表达歌曲情感）
③学生用真挚、热情的声音表达歌曲情感。注意"哦"这高音的演唱要轻巧，感受蓝鸟发自内心的祝福。
（6）采用个别演唱、小组唱、集体唱、接龙演唱等多种形式完整演唱歌曲。（实现导学技能目标：能用不同的演唱形式表现歌曲，培养学生参与能力和创编意识）
（7）创编歌词（实现导学技能目标：培养学生参与能力和创编意识；导学价值目标：让学生在歌词创编的过程中初步感悟音乐与社会生活的联系）：
①蓝鸟，蓝鸟，飞过窗口。可创编为：蓝鸟，蓝鸟，飞过广场。
②请把我的祝福带给小伙伴。可创编为：请把我的祝福（问候）带给大家。
③祝你快乐。可创编为：祝你健康。
设计意图：在这个导学环节中，因为有了前面的学习环节作铺垫，学生很容易地学会演唱歌词，这种教学模式让学生易接受易掌握。歌词以第一人称表现了渴望"蓝鸟"把"我"的祝福带给大家的美好愿望，导学中让学生用真挚、热情的声音表达歌曲的感情。

板块四：《蓝鸟》集体舞完整表现

（1）学生即兴创编动作表现歌曲。
（2）《蓝鸟》"邀请舞"动作设计。

图3　　　　　　　　　　　　　　　　图4

教室内一大组或一小组各挑选一名小朋友为"邀请者"，其他小朋友坐在凳子上有表情地边唱边拍手，邀请者表演完就坐在被邀请者的座位上，依次类推。准备：邀请者站立，双手叉腰。

1～4小节：邀请者原地做小鸟飞翔状（两拍一次，左右各两次），腿做蹲的动作，起的时候腿的重心左右转移（两拍一次，左右各两次）。

5～8小节：邀请者用碎步，做小鸟飞翔状（两拍一次），飞到想要邀请的舞伴面前（参见图1）。

9～12小节：9～10小节邀请者面对舞伴正步站立，双手放在胸前做托手状；11～12小节左旁勾脚，身体前倾，双手做邀请状。舞伴迅速起立正步状，双手叉腰左右摆头

（参见图2）。

　　13～16小节：邀请者与舞伴手拉手跑跳步交换位置（参见图3）。
　　17小节：邀请者与舞伴两人对视，做小鸟斗嘴状（参见图4）。
　　18～19小节：邀请者与舞伴面对面站立。18小节第一拍胸前拍手，第二拍两人右手击掌。19小节第一拍各自胸前击掌；第二拍两人左手击掌。
　　设计意图：这些简单、优美的动作能帮助学生理解和记忆歌词和歌曲的情感。通过集体舞的表演，表现了孩子们在音乐中快乐交往、传递祝福的情景。在这个环节中，实现了技能目标：培养学生参与和创编能力；情感目标：学生能在老师创设的情境中，快乐地与他人合作，进行集体舞的表演。

　　板块五：德育为先，总结升华
　　师：同学们，我们的生活是快乐的，让我们和歌曲中的蓝鸟一样，把祝福传递给更多的亲朋好友吧，老师在此也把祝福送给大家：愿小朋友们天天快乐、身体健康、学习进步！
　　师生随《蓝鸟》歌曲音乐律动，有序地离开音乐室。

六、教学反思

　　《蓝鸟》歌曲旋律优美轻松、结构简单明了。歌词以第一人称表现了希望"蓝鸟"把"我"的祝福带给大家的美好愿望。这节课学生主要以集体舞的形式进行歌曲的学习。在歌曲演唱学习中注意引导学生用真挚、热情的声音表达歌曲情感。通过歌曲演唱和集体舞的表演，表现了孩子们在音乐中快乐交往、传递祝福的情景。
　　（1）教学设计符合一年级学生的心理特征和要求。
　　一节好的音乐课堂导学设计，必须要与教学对象的年龄特点、心理特征、认知水平相符合，如果离开这一点，再华丽的设计也是没有意义的。
　　（2）以音乐为主线，循序渐进。
　　这节课的整体设计，我基本遵循以音乐为主线，所有的学习活动都是紧紧围绕《蓝鸟》的歌曲演唱和集体舞进行。导学中，运用由易到难，循序渐进，由点到面，让动作与音乐慢慢地融入孩子的心中。
　　（3）因势利导，循循善诱，引导学生积极参与音乐活动。
　　对于低年级儿童来说，根据他们的年龄特征要因势利导、循循善诱，采用各种灵活的学习方法，从而更好地获得乐曲所表现的情感，理解音乐所表达的内容。

七、导师点评

　　学案设计《蓝鸟》巧用多媒体信息技术，淋漓尽致地将音乐与舞蹈整合引导学生自主学习，激发学生学习的兴趣，突破了教学难点。设计亮点体现在以下几方面：
　　（1）重点突出、目标明确：能围绕自己设定的课题来确定导学目标，重点难点突出，采用了听、赏、唱、演等丰富多彩的学习活动，引导学生用真挚、热情的声音表达歌曲《蓝鸟》的情感，使学生在愉快的氛围中学习歌曲，突破教学重点和难点。
　　（2）导学设计符合一年级学生的心理特征：低年级儿童活泼好动，以形象思维为主，李老师能针对学生的年龄特征，适当运用音乐、图片、视频、歌唱等多种形式来激发学生学习的兴趣，因势利导，循循善诱，引导学生积极参与音乐活动。

（3）以生为本，师生互动：导学设计能面向在课堂上的全体学生，注重师生互动，将学生对音乐的感受和音乐活动的参与放在重要的位置，使每一个学生的音乐潜能得到开发。

（4）循序渐进，循循善诱：为了让孩子们能感受乐句的变化，导学设计时采用了游戏的方法，全面调动学生聆听音乐，让学生在听、演、唱中感受乐句重复变化的特点。

（5）建议：课堂评价是课堂教学的一个重要组成部分，贯穿于音乐学习活动的每一个环节。科学的评价对学生具有激励表扬、解惑释疑、点拨导向等，使课堂更具有生命的活力。在导学设计中，如果在学习过程中对学生的出色表现能给予适当奖励，这样对树立学生的自信心和激发学生积极学习音乐可以起到促进作用。

"小孔成像"教学设计

（四年级适用）

■ 东莞松山湖中心小学　蔡敏胜

一、教学目标

（1）知道小孔成像与光的直线传播有关。
（2）培养学生动手实验操作的能力、培养学生观察分析问题的能力。
（3）培养学生尊重事实、尊重科学的精神，激发学生探究科学的兴趣。

二、教学重点

（1）能完成小孔成像的实验，并能对实验现象进行观察和分析。
（2）实验材料：蜡烛、黑色小孔板、白色塑料板、简易照相机。

三、教学过程：复习旧知、引入新课，为新课作铺垫

（1）教师出示第一课时的光线打靶游戏图片，思考：

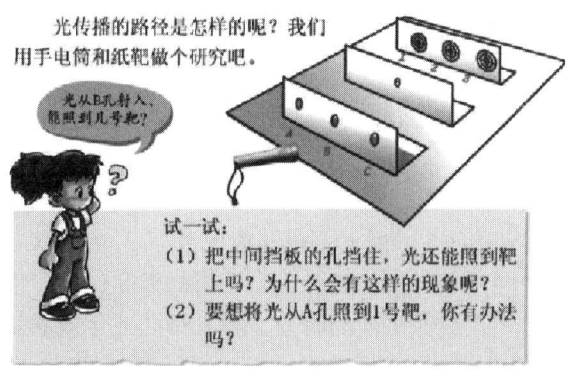

手电筒的光从A、B、C射入，经过小孔，分别能打到哪个靶？为什么？
（教师板书：光源、光沿直线传播）
（2）引入新课，这节课继续研究光的直线传播现象。

四、提出问题、引发猜想

（1）同学们，看一看，这节课老师都为大家准备了什么材料？（生观察并回答）
（2）教师简单介绍实验材料。
（板书：蜡烛、黑色小孔板、白色塑料板）
（3）教师提出问题：如果老师把黑色小孔板放在蜡烛和白色塑料板的中间，点燃蜡烛，猜一猜，在白塑料板上能看到什么？（先让学生思考，再把自己的猜想画在第4面的方框里）

（4）提问：谁先来讲一讲，你猜测的结果是什么？你猜测的理由是什么？

（5）学生汇报，教师统计。

（6）师问：同学们，刚才大家所讲的都有一定的道理，要想知道谁的猜测是正确的，怎么办呢？

五、实验探究、搜集信息

（1）刚才大家已经认识了实验桌上的材料，请小组的同学先讨论一下，怎样利用实验材料做实验，应该注意什么问题。

（2）学生讨论，小组代表汇报。

（3）教师强化：

A.蜡烛和白色塑料板（相当于屏幕）放在两边，黑色小孔板放中间。

B.蜡烛和白色塑料板，黑色小孔板放在同一直线上。

C.在实验的过程中，可以移动蜡烛和白色塑料板，黑色小孔板。

（4）学生实验、填写好实验探究卡。（教师发放实验探究卡）

（5）以小组为单位，进行交流汇报。

　　教师板书：蜡烛（火焰）　　　小孔　　　倒像

（6）师：同学们，从刚才的实验中，我们发现蜡烛火焰通过小孔后出现倒像，科学家们在研究问题的时候，是不是做一次实验就得出结论呢？

（7）教师出示"简易照相机"并介绍它的结构，同学们想一想，这种装置相当于刚才实验中的哪些部分？

（8）用"简易照相机"观察燃烧的蜡烛，看看，是不是也能看到刚才实验中的现象。

六、分析整理、小孔成像秘密

（1）同学们，刚才的两个实验，我们都能看到一个共同的现象：蜡烛火焰的倒像。你能给这种现象取个合适的名称吗？（板书：小孔成像）

（2）教师出示，引导同学们分析，为什么小孔成的像是倒像，说说你的理由？

（3）讲述古代墨子对小孔成像实验的研究，原来小孔成像成的是倒像是因为光是沿直线传播的缘故。

小孔成像

　　墨子对光学很有研究，对于光的直线传播、光的反射和若干物影成像，进行了精彩的描述。

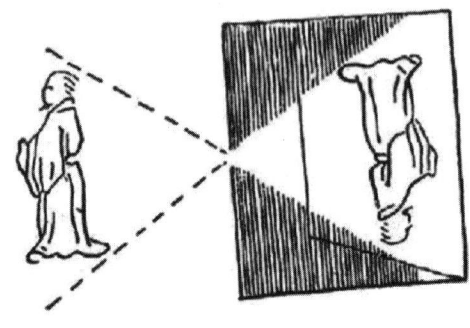

有一次，墨子进行光学实验，他在堂屋朝阳的地方，让一个人对着小孔站在屋外，在阳光的照射下，屋内相对的墙上出现倒立人像。墨子通过小孔成像的光学实验，阐述了光的直线传播原理：即光从上往下直射，人的头部与足部成影在下边和上边，构成倒影，成为后代摄影技术的先声。我们现在使用的照相机、摄像机在墨子发现的基础上又前进一步。

七、拓展延伸、课外探究

（1）同学们可真不简单，古代科学家研究的现象，我们通过自己的研究，也懂得一些，其实小孔成像还蕴含着很多奥秘，让我们一起来看看吧！
（播放视频）
（2）通过今天的学习，你有什么收获？
（3）如果你还有什么问题，请登小学科学网，去查找一下关于小孔成像的资料。

八、导师点评

这节课是在学生认识光是沿直线传播的基础上进行深入的探究，整个教学的设计很有特色，能按照科学教学的基本要素进行重组，是一节很典型的科学探究课的教学流程。

整节课从现象入手，让学生提出问题，并进行猜想与假设，作为后续教学的指引，让学生设计实验进行探究，最后通过交流汇报建构科学概念，最后回归生活，让学生运用所学的知识解释现象及问题。

设计中始终立足儿童的学习实际，以儿童学习为中心，以概念的建构来组织教学活动，同时在活动的过程非常重视三维目标中情感、态度价值观的落实，培养学生批判和质疑的精神，让学生有实证意识。同时将这一知识的学习与古代墨子研究小孔成像的故事进行联系，更能激发学生的兴趣和成就感，从而让科学与人文并行，让科学课更灵动并充满人文气息。

整节课设计环节清晰，层层深入，思维流畅，是一节比较好的科学探究课的模型。

附：实验探究卡

<u>　　　　　　　　　　</u>实验探究卡

第 ＿＿＿ 小组　　记录员：＿＿＿

（一）实验材料
蜡烛　黑色小孔板　白色塑料板　三角形底座插板　白纸

（二）实验猜测

调整蜡烛、黑色小孔板、白色塑料板的位置，猜测一下，白色塑料板上会出现什么样的现象？

_____

_____

（三）实验过程

你们是怎样做实验的？你们的发现？

（四）我们是这样解释的

_____

_____

温馨小提示：

1. 蜡烛 黑色小孔板 白色塑料板要放在同一条直线上。

2. 适当调整三者之间的距离，注意观察现象。

3. 注意用火的安全。

"制作幻灯片讲故事"教学设计

（五年级适用）

■ 广东省中山市实验小学　黄伟祥

一、教学内容

该内容改编自广东省中山市教育局教学研究室编写的小学信息技术五年级课本第三章第三节第一课时《制作"美丽的中山"》。

1. 课时安排

根据学生认知能力及教材编排特点，第三节分为两课时完成。

第一课时：学会插入图片的方法；了解插入幻灯片（从文件）的方法。

第二课时：学会设置幻灯片切换效果；掌握幻灯片插入背景音乐的方法。

2. 教材编排

本小节安排在《认识PowerPoint》《输入文本》等章节之后，学生已经掌握了建立PowerPoint演示文稿、插入剪贴画、调整图片大小、输入文本、美化文本等技能，这些知识与技能是本课时学习的重要基础。本节后安排了《让"美丽中山"动起来》《让"美丽中山"来去自如》《制作我的电子相册》，学生在本课时所获得的"插入图片"的方法和形成的作品将得到进一步的应用和拓展，充分展示了这套教材编写的系统性、科学性和可持续性。

二、学情分析

1. 年龄特征

五年级的学生活泼好动、天真烂漫、表现欲望强、富有创造力，用幻灯片讲故事的活动为这群孩子提供了展示自我的舞台。

2. 学习兴趣

学生第一次接触用PowerPoint编辑动人的故事，让他们自主进行制作，既让学生领略幻灯片讲故事美的一面，又让他们深深感悟一个个故事的真谛。在学习过程中，把握学生爱表现的特点，通过"故事场景接龙"等活动，激发学生学习的热情，把学习知识与活动热情融为一体，并对学生作品进行网上展览、投票，根据作品得票数评出优秀作品，让学生从学习中收获自信，加深学习兴趣。

3. 认知水平

学生已经掌握了建立PowerPoint演示文稿、插入剪贴画、调整图片大小、输入文本、美化文本等，学生对作品整体效果的审美能力已有一定的基础。

4. 学习障碍

学生根据故事内容，选择符合情节的图片有一定难度，影响故事片制作的进程。

三、设计思想与理念

信息技术教学是师生之间、学生之间交往互动与共同发展的过程。信息技术教学，要紧密联系学生的生活实际。在采取自主探究式学习的过程中，教师可以利用网络的优势，成为信息的传播者，为学生提供动态的、丰富的信息；问题情境的创设者，鼓励学生主动参与学习；探究的引导者，为学生的自主学习提供强有力的支持；知识反馈的调整者，激活学生积极探索的自信心。学生是学习的主人，在教师的帮助下，小组合作交流中，利用动手探索，发现新知，自主学习。有效地实现学生之间的协作，培养学生之间的协同能力和协作精神。纵观整节课以小组协作、自主探究为主线，愉快教学为辅线，让学生经历了导入→比较→探究→实践→欣赏→评价→总结等环节，把思想教育与信息技术教育有机结合起来进行作品创作，培养学生的创新意识，提高了学生的信息素养。

本教学设计遵循教学规律，体现了以教师为主导，学生为主体，实践操作为主线的教学理念。在教学过程上实现学生的全员参与；运用教师引导、作品比较、自主制作、重点讲解、小组整合、欣赏评价等教学手段，根据教学要求，适当分配时间，让学生对纯文本的幻灯片故事进行评价，得出修改意见，促进学生学习的积极性和主动性，形成师生互动学习，通过学生讨论、协作学习，形成生生互助学习的良好氛围，使学生学会如何插入图片和文字，并为学有余力的小组增加了应用拓展。评价采取多元化的方式，并贯穿于整个活动过程。

四、教学目标

根据《新课程标准》的精神，教学内容的要求以及学生掌握信息技术知识的实际水平，本课时教学的三维目标如下：

1. 知识与技能

（1）掌握插入图片的方法；

（2）学会插入合并幻灯片的方法；

（3）进一步熟练掌握文字处理能力，能制作出图文并茂的幻灯片，并保存文稿。

2. 过程与方法

（1）在小组活动过程中，各组员分别负责不同的工作或任务，最后再综合成品，培养学生的分工及协作能力；

（2）组员之间通过讨论确定故事主题，互相表达自己对作品的内容创意和设计思路，培养学生的合作精神；

（3）在制作过程中，发现和解决设计、制作过程中遇到的问题，培养学生创造性地解决问题的能力；

（4）在评价过程中，对自己和他人的作品能做出恰当的评价。

3. 情感态度与价值观

（1）培养学生的探究精神、创造意识；

（2）提高学生的学习兴趣，培养学生完成作品后的成就感、创作的满足感；

（3）在完成故事制作的过程中培养学生的爱国情怀，对父母的感恩之心，对朋友的友爱之情及面对困难的积极求学之心；

（4）初步培养学生对电脑作品的鉴赏能力。

五、教学重点

（1）学会利用PowerPoint制作一个具有感染力、图文并茂的故事。
（2）学会在幻灯片中恰当地插入图片、文字编辑、了解插入幻灯片（从文件）的方法。
（3）在制作过程中培养学生的小组合作精神。

六、教学难点

（1）合情合理地根据文本插入图片，并探究学习在幻灯片中加入切换效果的方法。
（2）在小组合作过程中，学生们能分工合作、互相帮助、互相讨论和争论、互相对当前知识的掌握情况进行评价、互相填补理解上的缺陷。
（3）各小组之间进行公平的评价，并提出建议。

七、教学媒体

教学环境：基于局域网的多媒体网络教室。
教学资源：讲课过程中使用的幻灯片课件；自主开发的学习网站；制作作品所需要的素材。
平台开发环境：Apache、PHP、Mysql。
平台开发技术：PHP脚本、HTML代码、javascript脚本。
系统核心模块：用户投票。

八、教学策略

1. 小组协作教学法

小组协作教学法，根据学生对知识掌握程度不同，将全班学生分成几个小组。在小组协作学习中，基础好的、学习兴趣浓厚的学生必将带动和感染其他同学，在小组过程中强调一个幻灯片故事有很多张，学生在制作过程中分工合作，并要求制作过程互助，体现分工合作的重要性。

2. 任务驱动教学法

本案例设计了基本任务，探究任务和小组活动的综合练习任务。以用PowerPoint表达一个故事这一综合实践任务来贯穿，而在设计过程中，学生进一步巩固了获取信息、处理信息、应用信息的能力，更重要的是训练学生运用常用软件PowerPoint中图片、文字的处理技能，制作一个完整的PowerPoint演示文稿，并针对一般学生在制作过程中可能会出现的误区提供更高的艺术设计上的建议。通过综合实践，让学生能灵活运用技术，创造出新的成果。评比过程不仅是作品的展示，同时也是学生的语言表达能力、审美能力、评价能力的展示。通过作品交流、评价，师生、生生之间构成多向度的交流，给学生自由驰骋的余地和创造的空间。

3. 自主探究学习

提供辅助资源（录制的演示文件），及自主开发的学习平台，让学生也可以跟着做。

九、教学过程

1. 范例比较，明确任务（6分钟）

（1）从学生阅读能力谈起，说明阅读的重要性。

学生回忆、思考与感悟。

（2）同一个故事《保姆妈妈》，老师用两种方式展现。

（3）对比两种方式的差异，引出感染力的重要性。

学生观察与思考，从两件作品中找出差异。

（4）富有感染力的幻灯片故事应该怎样做？

（5）引出标准：图文并茂，画面美观。

学生提出修改的建议。

（6）引出课题，明确本课时的学习内容。

板书：用幻灯片讲故事—制作图文并茂的幻灯片

设计意图：通过谈话导入，增强教学内容的神秘感和学生好奇心，为以下教学打下良好学习动力。同时，通过师生谈话，顺理成章地揭示课题，新颖的课题，让学生有一种"我要学"的冲动。

让学生通过观看不同方式的幻灯片，找出作品的差异，有利于培养学生的观察能力、审美能力、概括能力。让学生了解要制作一件优秀的幻灯片故事所具备的条件，增强了学生学习的兴趣，明确了学习的目标与方向。

2. 学习新知，点拨技巧（5分钟）

相信同学们都学习了Word软件的插入图片方法吧！其实，PowerPoint插入图片的方法与Word相似。现在，请同学们阅读一下教材，一边阅读一边想想，如何实现在PowerPoint中插入图片。

全体学生观察插入图片的方法，让个别学生示范。

看看谁来当小老师，一边讲述一边操作展示，如何在PowerPoint插入图片。板书：插入→图片→来自文件→选择文件来源

师生共同提炼方法。

图片太大或位置不适合的，可以进行调整。

设计意图：本小节教学设计大胆摒弃了传统"按部就班"教学方法和挤压式的讲授法。灵动地启用了协作探究法、任务驱动法等先进的教育法。这一环节由学生通过看书自学，并对在Word软件里插入图片的方法进行类比。让学生比较容易掌握在PowerPoint插入图片。

3. 任务驱动，小组创作（12分钟）

看着老师移动着小鼠标，你们也想动动手，是吗？别急！创作前，首先我们来看看活动要求：

选题：以小组为单位，选择一个你们小组共同感兴趣的故事。

分工：小组长组织同学在组内进行合理的分工，以小组合作的方式，共同完成一个故事。

制作：分工完后，每个同学独立制作。

互助：先做完的同学主动帮助本组同学。

成功：每个组的全部成员完成自己的幻灯片片段，并成功上传。

以原来文件名另存到：\小组空间－用幻灯片讲故事\个人作品第＊小组文件夹内。

如果小组里哪位成员制作有困难，其他成员可以给予帮助，可以参考学习网站的学习导航一，参考我们的教材，当然，有困难问老师也可以。

设计意图：学生进行个性化的创作有利于新知的巩固，有利于创造性思维的培养。当学生遇到学习困难时，老师不是做包办者，而是作为引导者的角色出现，引导学生突破重、难点，解决问题。这有利于培养学生解决问题的能力和协作学习的能力。

活动中贯彻"故事接龙"游戏，有利于培养学生团队合作精神。而且拼出的图也是一个故事，不是单纯为了活动而活动。

4. 自主探究，整合作品（9分钟）

刚才，同学们都把一个故事分工完成了，但这样一段一段播放不流畅，怎么办啊！对了，把小组内的6个片段合并一起。

请各位同学，一起进入学习网站导航二，学习一下如何把文件合并起来。老师把合并文件的方法示范。

板书：插入→幻灯片（从文件）→选择文件来源→保留源格式

设计意图：小组成员自主学习是作为教师集体教育形式的一种补充，可以使不同层次的学生相互启迪、相互补充、相互给予、相互吸收。

引出标准：结构、顺序符合故事情节

同学们，刚才我们通过网上自学和老师示范，初步掌握了合并幻灯片的方法，现在请各位同学把你们这组的作品合并起来，在小组内，比一比，看看谁最快、最好地完成。并且都以组名为文件名保存到桌面。

好了，现在小组长和同学讨论一下，看看哪一个同学最能代表你们组的水平，请把这个同学的作品复制到小组空间\用幻灯片讲故事\小组作品。

设计意图：这种学习方式始终处于动态之中，既有利于不同层次学生的发展，又有利于培养拔尖人才，是提高课堂教学效率及质量的行之有效的方法。

小组共同学习，分别制作，共同评选，培养了他们自主学习能力、合作意识、与人沟通能力。

5. 作品赏识，互评互进（6分钟）

一个优秀的作品，光自己欣赏是不够的，我们学会分赏与交流，请同学一起来进入小组空间\用幻灯片讲故事\小组作品，欣赏其他组的作品，并按照参考标准，进入网站进行投票，每人只能投两票。

我们一起来欣赏和点评幻灯片故事。在欣赏和评价作品时，请大家学会欣赏和赞美他人，同时学会提出中肯的修改意见。

设计意图：学生在欣赏别人作品的过程实质就是对自己作品做出分析和判断的过程。从而培养学生发现美、鉴赏美、创造美的能力。

通过点评让学生学会欣赏自己、欣赏他人，在比较中取长补短，为进一步修改完善自己作品作好铺垫。

6. 总结升华，收获未来（2分钟）

一节课下来，我们用新的方式讲了一个个感人的故事。学会了一个个新的知识，我们能不能利用今天学习的知识，用PowerPoint讲述一个我们自己的故事呢？请同学们课后收集相关的图片，创作一个关于自己的成长故事，并尝试插入你喜欢的音乐。

设计意图：老师的一席话对教材进行了简单分析，不仅激起学生学习信息技术的兴趣和展示自我的欲望，而且导出下一课时的目标，为下一课时的教学埋下伏笔。

7. 板书

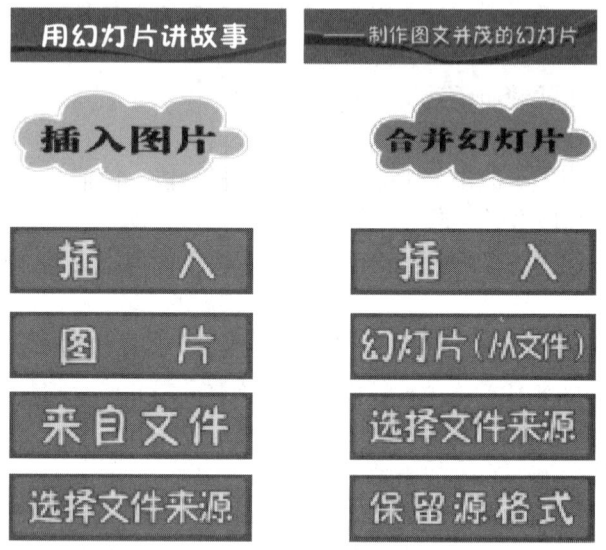

设计意图：从板书知识结构来看，用色彩突出重、难点，并注重知识结构，使学生形成清晰的知识脉络。

十、评价标准

项目	具体要求
效果	图文并茂，画面美观
图文	大小适中，符合情景，布局合理
结构	顺序符合故事情节

作品参考评价标准

十一、流程图

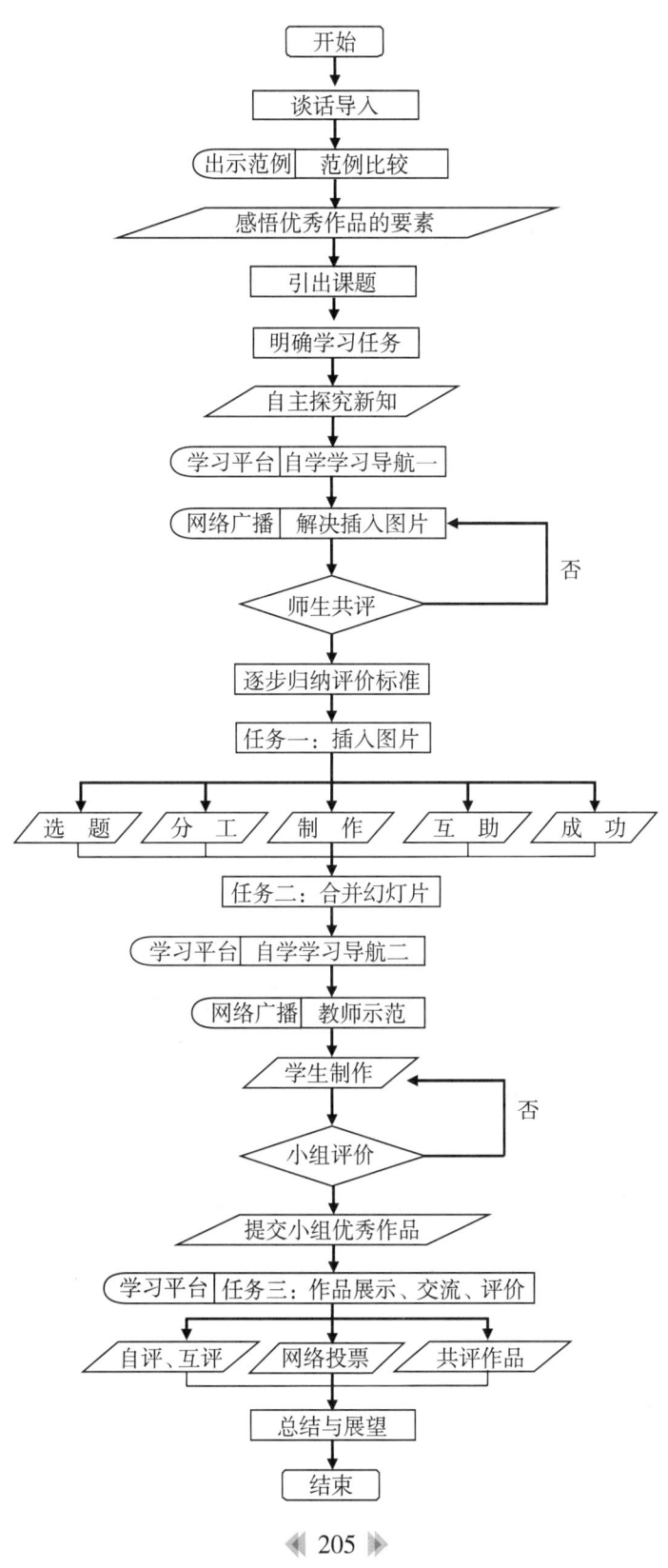

十二、学习平台

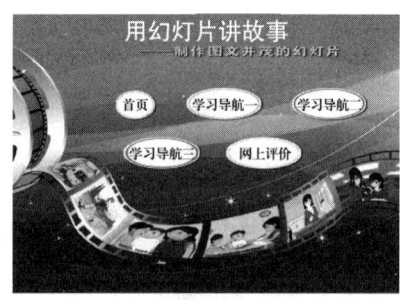

学习平台首页

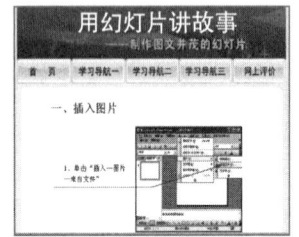

学习导航一

学习导航二

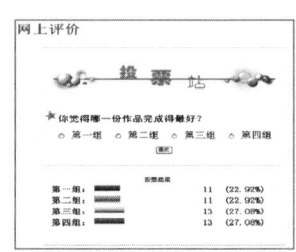

网上投票系统

十三、小组分工表

选择主题：						
片段	一	二	三	四	五	六
成员						

十四、活动展板

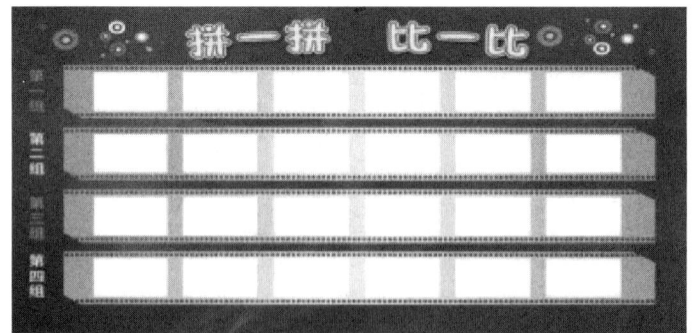

十五、教学评价

能全面把握课程目标，全面关注学生参与活动的情况，把学生在活动中是否积极投入、是否愉快、能否与他人合作作为评价的重点。能调动多种评价主体，教师、学习小组、同伴和学生本人，全体参与评价活动，评价贯穿于整个活动过程。

十六、导师点评

本案例设计了基本任务，探究任务和小组活动的综合练习任务。以用 PowerPoint 表达一个故事这一综合实践任务来贯穿，而在设计过程中，学生进一步巩固了获取信息、处理信息、应用信息的能力，更重要的是训练学生运用常用软件 PowerPoint 中图片、文字的处理技能，制作一个完整的 PowerPoint 演示文稿，并针对一般学生在制作过程中可能会出现的误区提供更多的艺术设计上的建议。通过综合实践，让学生能灵活运用技术，创造出新的成果。评比过程不仅是作品的展示，同时也是学生的语言表达能力、审美能力、评价能力的展示。通过作品交流、评价，师生、生生之间构成多向交流，给学生自由驰骋的余地和创造的空间。

"途中跑"教学设计

（人教版水平二四年级下册）

■ 广州市越秀区执信南路小学　邹美文

一、教材分析

快速跑是以最快的速度跑完规定距离，发展速度素质的教学内容。速度是指人体快速运动的能力。学习快速跑重点是发展学生的反应速度、运动速度和位移速度，发展快速跑能力，提高机体无氧代谢耐力，发展腿部肌肉后蹬力量，在练习和比赛中培养竞争意识，体验快速跑的乐趣。快速跑教学中应采取多种形式的练习如：追逐跑、躲闪跑、听信号跑、自定目标距离跑等，以激发学生学习兴趣，使学生主动学习，达到身心健康的目标。

二、学情分析

四年级学生，兴趣广泛、模仿能力强、自控能力差、喜欢做游戏。处在长身体和接受各种活动项目的启蒙阶段，身体与心理处在发育的黄金阶段，其习惯与方法都没有定型。根据以上这些特点，在教学中以跑的游戏组织教学，使儿童在活动中掌握跑的正确方法，培养学生正确的身体姿势，形成良好的身体形态，发展学生的能力，从而提高身体综合素质，为以后的学习产生积极的影响。

三、指导思想

本设计方案以国家教育部颁发的《体育与健康课程标准》为依据，以"健康第一"为指导思想，按照水平（二）运动技能目标要求——进一步改进途中跑的技术，提高跑的速度。本课结合学生的实际情况，在途中跑的教学过程中，创设情景教学，培养学生的参与意识、克服困难的信心，最终达到促进学生健康发展，培养良好的社会适应能力的目的。

四、教学目标

（1）进一步改进途中跑技术，学生能熟练说出途中跑的动作要领，提高快速跑的能力。

（2）学生运用摆动腿快速前抬技术动作，提高快速能力，增强下肢力量和协调性等身体素质。

（3）培养学生勇敢克服困难的顽强意志品质和团结合作精神。

五、教学内容

1. 途中跑
2. 游戏：接力跑

六、教学重点与难点

（一）重点
摆动腿快速前抬。

（二）难点
跑的轻松、自然。

七、场地器材

2个篮球场、风车40个

八、教学过程

1. 热身（时间5～8分钟）
（1）达成目标。
①明确学习目标，内容与要求。激发学生学习热情，兴趣。
②进一步激发学生学习热情，在音乐的节奏下充分活动各关节，达到热身的效果。
（2）学习内容。
①课堂常规即兴游戏（高人、矮人）。
②热身活动韵律操。
（3）教师活动。
①师生问好，宣布本课学习目标和内容；提出要求，在练习中提示指导。
②听音乐语言提示，动作示范。语言激发学生的学习热情，调动学习积极性。
（4）学生活动及组织形式。
①在音乐节奏下进行统一练习。
要求：精神饱满。
②自由散开或两人一组。
"○"代表男女同学，"△"代表教师。

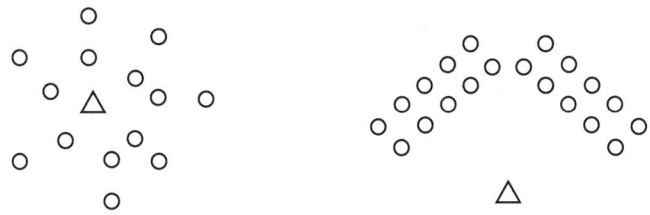

2. 课程（时间26～30分钟）
（1）达成目标。
①全体学生参与游戏，充分调动学生的积极性，进一步掌握跑的基本要领，以及培养学生的互助精神。
②发展学生的下肢力量，培养学生的思考能力，通过尝试、体验提高学生的思维能力。

③通过各种形式的练习，改进途中跑的技术动作，发展学生途中跑的能力。培养学生的合作能力，加强竞争意识。

④培养学生积极向上和勇于挑战的自信心。学生自主、合作、创造学习体会运动带来的愉悦感。

⑤体验竞争的乐趣，培养学生团结友爱的精神。

⑥所有学生参与快乐体育活动，活跃学生身心。

⑦针对提高学生的腿部力量练习。

（2）学习内容。

①游戏：学生分组进行游戏。（地雷、爆炸）

②谁的风车转得快。

③直线横队跑。

④游戏：我和球赛跑。

⑤标志物20～30米直线跑。

⑥展示途中跑的练习。（重难点：摆动腿快速前抬，跑得轻松、自然）

⑦集体展示学习成果（接力赛）。

⑧游戏——接力跑。

⑨素质练习：俯撑原地快速蹬地20次一组*3组、立卧撑15次一组*3组。

（3）教师活动。

①讲解游戏规则及要求激励引导，帮助纠正错误动作。

②教师设疑，引导学生边思考边体验风车在什么情况下转得快，并提出注意安全。

③教师在巡视过程中激励和引导学生积极参与。

④教师讲解游戏规则，并指导学生练习，提示安全。教师小结。

⑤巡视指导，对个别学生进行重点辅导。

⑥教师进行点拨与鼓励，讲要求，并提出注意安全。

⑦教师点评，互相学习、取长补短。

⑧师生共同参与。

⑨教师强调动作的要求。

（4）学生活动及组织形式。

①学生通过游戏进行行走练习（前脚掌）通过练习，为主课程做好充分的准备，互相间指导与帮助。

②在教师的引导下分散进行。分组朝着规定的方向跑。

积极参与认真体验。

③分组进行练习、积极配合。

积极参与学生示范。师生评价。

④分组展示体验成功喜悦。

⑤学生分组比赛。

5人小组为单位，按规则进行，人人参与活动，要求遵守规则，积极进取，注意安全。

⑥学生集体练习，在规定的时间完成20次、50次。

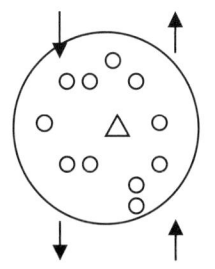 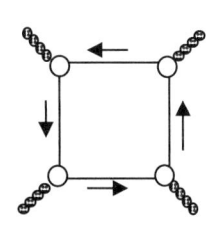 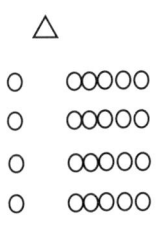 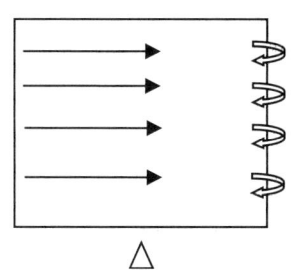

⑦5人一组相对站立，在规定的标志点返回。
⑧集体自然散开进行。

3. 放松（时间3～5分钟）

（1）达成目标。

在优美的音乐中肌肉得到放松。

（2）学习内容。

静态拉伸放松运动：腿部后侧拉伸、侧腰动作、坐位体前屈压腿放松。

小结：回顾本节课学习的重点，布置作业，加强腿部力量练习。

（3）教师活动。

指示拉伸动作。

（4）学生活动及组织形式。

（听音乐）在欢乐中得到放松。

自由散开。

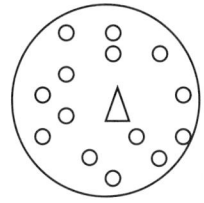

4. 运动生理曲线负荷预计

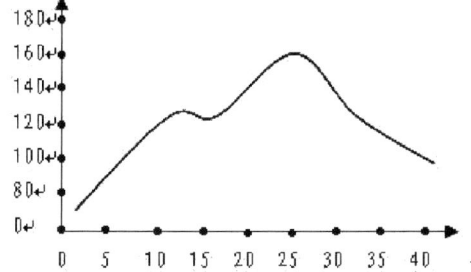

生理状况预测：
①练习密度65%左右；
②平均心率135～140次/分左右；
③最高心率160次/分左右。

九、课后小结

学生在学习途中跑技术过程中,通过各种跑的游戏、跑的辅助手段等练习,渗透途中跑技术动作,摆动腿快速前抬,学生能合理的运用运动技能,运动能力和身体素质有所提高。在学习过程中,自主学习、合作学习的能力得到了锻炼;积极主动探究的意识进一步激活,学生学习的热情高涨。

不足:学生在学习途中跑的技术动作中,存在不同的身体素质差异:有部分学生身体灵敏协调能力差、有一部分力量差、有一部分柔韧性差等。针对这一现象,需即时调整教学策略,多关注个体差异,进行有效的分层教学,保证每一个学生的不同程度的进步,提高教学质量。

十、导师点评

本节课从器材和场地设计安全科学合理,满足了教学的需要并达到了练习的效果;练习难度由易到难,符合运动的规律和学生身心健康发展的规律;准备活动与本节课的主要内容紧密结合,在动态中进行,保证了准备运动的针对性,由原地到跑动,强度由低至高,效果很好;在学习中,教师善于启发学生的思维,引导学生自己解决问题,加上有节奏的变化,提高了学生学习的兴奋性等。